弱音を吐く練習

悩みをため込まない生き方のすすめ

沼田和也

KKベストセラーズ

弱音をはく練習

はじめに

さあ、これから弱音をはく練習をしましょう。
そんな練習は要らないって？
まあ、そうおっしゃらずに。
あんがい難しいんですよ、これが。弱音をはくっていうのはね。
自分がどう弱っているのか。どんな苦しみを抱えているのか。
人に話してみて、初めて分かることもあるんですよ。
でもね。
誰に話すかっていうのがね、これが意外と見つからなくて。
友だちには、今さらこんなこと言えないなあ。

さすがに親には言えない。
会社の同僚に話したら、ドン引きされるだろうな。
恋人に言ったら、幻滅されちゃうかも……。
ね？　難しいでしょう。
今からいろいろな苦しみの話をしますね。
もしもあなたに当てはまる苦しみがあったら
それを話しに行ってみてください。
どこへ行ったらいいのかって？
安全で信頼できる、知りあいがいないところへ。
そんな場所があるのかって？
それはこの本を読んでみての、お楽しみ。

目次

第2章　生きづらさの正体を知るために

第4章　人間関係を結び直すために

人間関係に疲れきってしまったとき

ため息一つを共有してもらえたなら……

SNS時代は「別れる」ことが容易でない

第5章　憎しみに支配されないために

第6章 性的な悩みに苦しまないために

第7章　理不尽な社会を生きるために

死にたくなるほどお金に困っているとき

第8章 孤独な自分を見捨てないために

なぜよりによってわたしが苦しむのか？

第9章　他人と痛みを分かちあうために

終章　弱音をはきながら生きる

序章　弱音をはく練習

弱音をはく練習が足りていないあなたへ

弱音をはいてはいけない？

弱音をはく練習。弱音をはくことは、じつはとても難しい。この本には、教会に相談に来た人のことが繰り返し語られるだろう（個人が特定できないよう詳細を伏せたり、改変してある）。しかし、考えてみれば分かることだが、どうしようもなく困ったときに、教会に相談に行ってみようと思う人はごくわずかである。

うちの教会で毎週金曜日の夜にやっている「聖書を読む会」には、さまざまな宗教に属する人がやってくる。以前はムスリムも来ていたし、モルモン教徒が来ていたこともある。最近は、無神論というほどではないが、自覚的になにかの宗教を信じているわけではない、という人が多い。

日曜日の礼拝はともかく、この聖書を読む会に関していえば、キリスト教徒のほうが少ない。そこに来ている、ある新宗教を信仰している人が、こんなことを言った。そのときはちょうど、「オウム真理教の事件以降、信仰を生きる支えにする人は減った」というようなことを語りあっていた。

「オウム真理教の事件も関係あるかもしれませんが、そもそも宗教が必要なくなったのかもしれませんね。だって、みんなまず、精神科やカウンセリングに相談に行くじゃないですか。昭和の昔みたいに精神科イコール頭のおかしい人が行くところ、みたいな偏見もなくなったし。悩んだら精神科ですよね。悩んだらお寺や教会、ではなくて」

そのとおりだなと思った。たいていの人は宗教ではなく、精神科も含めた医療に頼るし、福祉に具体的な救済策を求める。悩みを聴いてほしいときでもカウンセリングに行こうとするだろう。キリスト教を信じているわけでもないのに教会へ行き牧師に相談するというのは、優先順位としては最後の最後になるのではないか。

そう考えてみると、その最後の最後である教会にやってくる人の、いわゆる「問題の解決」がなぜ多くの場合難しいのかも分かる気がする。最後の最後まで後回しにしてきた、置き去りにされてきた、その人にとっての重い宿題に、一緒に向きあうこと。それが教会で行われていることなのかもしれない。そんなに重いものを、軽々と取り去ることはできない。

わたしがしていることは「問題の解決」ではなく、その人が問題を抱えている状況に、できるだけ一緒に立ち会うことである。わたしにとってはさらにもうひとり、神が立ち会ってくださっているのだが。

最後の最後まで誰にも言ってこなかったことを、ようやく教会で。なぜ、そんなに長いあいだ、誰にも話さなかったのか。なぜ、誰にも話すことができなかったのか。

それはたぶん、「自分のことは自分でできる」ということが、理想的な大人のイメージとしてあるからだろう。弱音をはくということは、自分のことを自分で処理できないという事実を他人にさらすことである。子どもならいい。だが大人になったら、自律していないといけない。心身に不調をきたした際には、精神科に通うことも含めて、自分で体調管理をしなければならない。なぜなら、自分のことは自分で判断できる、それが一人前の大人というものだから。

「なぜなら、自分のことは自分で判断できる、それが一人前の大人というものだから」。その「なぜなら」は自明で、絶対の前提なのだろうか。なぜ、そこで「なぜなら」とあっさりと自律が出てくるのだろう。人間は人々のあいだで生きる存在ではなかったか。何万年も昔から、群れで、助けあって、過酷な環境を生き延びてきたのではなかったのか。それがなぜ今になって急に、ひとりで自己完結した生き方を迫られるのか。個人はガチャガチャのカプセルのような殻で完全に閉ざされており、その殻の内部に、誰からも隠されたかたちで心を持っているのか。

わたしはこの「大人なら自律ができて一人前」という前提に対して、「たしかにそうかもしれないが、違うところもあるんじゃないかな」と答えてゆきたいのだ。自律ができることは社会人としてトラブルなく生きていくうえで必要かもしれない。けれども、トラブルを起こしさえしなければよい、トラブルを起こしたら人生ゲームオーバー……そんな前提をこそ、突き崩してゆきたい。そのためには弱音をはく練習をふだんからしておく必要がある。

なぜ誰にも話すことができなかったか

弱音をはくためには、弱音をはく相手が必要である。誰にでも言えるようなことではない内容を、あえて特定の誰かに話すわけである。それには「この人になら話してもいい」という安心感も大切であるし、最後の飛躍として「よし、話してみよう」という決断も必要だ。そこには「こんなことを今さら話してなんになる」とか「どうせ話しても無駄だ。分かってもらえない」という抵抗も生じる。その抵抗を振りきって話すだけの力も要る。

追いつめられて弱りきったとき、いきなりそんな力を振り絞るのは、正直言って難しい。

自殺する人の多くは遺書さえ残すことなく、黙って死んでいく。他人に話すだけの力も、話す他人を選ぶだけの力も、もはや残っていなかったのだ。
「こんなことで相談してもいいの？」というようなことを、ふだんから誰かに話す練習をしておく。そうすればその人は、自分にはどうすることもできないような問題を抱えてしまったとき、それを誰かに話せるようになる。その誰かはもちろん家族や恋人、親友などでかまわない。ただ、こういうこともある。家族や恋人、親友だからこそ話せないことが。

教会へ相談に来る人の多くは、すでに精神科に通ったり臨床心理士に相談したりしている。いわば、ある程度他人に話す練習を積んできた人たちである。だが、なかには今まさに、これまで誰にも打ち明けてこなかったことを話し始める人もいる。その人はその瞬間から、弱音をはく練習を始めるのだ。家族や恋人、親友には今さら話すことができない苦しみを、家族でもなければ恋人や親友でもなく、さりとて通りすがりの赤の他人ほどの距離感もない、牧師というこのわたしを相手に。

あなたの弱音をはく練習は完了済みだろうか。そもそも弱音をはく必要など感じておらず、したがって、そんな練習をする必要もまた感じていないだろうか。
もしもそうであるなら、それはそれとして、ぜひ興味本位の好奇心半分で、本書を読み進めていただきたい。他人がどんなことで悩んでいるのか、知ることは無駄ではない。あなたがそれを相談することはないかもしれないが、あなた以外の誰かがあなたに、相談してくるかもしれない。そんなとき「ああ、そういえば」と、本書に書いてあったことを想いだしていただければ幸いである。

第1章

自分で
自分を
追いつめない
ために

「もうこれ以上は無理です」

人は簡単に追いつめられる

あなたはひとりではない。身近な人に「助けて」と言おう――そういったことが言われ始めて久しい。電車内で、自殺防止ホットラインの広告を見かけることもある。

それでも死ぬ人は死ぬ。なぜ、相談してくれなかったのか。なぜ、誰にも言わないで逝《い》ったのか……深い後悔や悲しみが残される。

人はなぜ、自分を追いつめてしまうのか。教会で牧師として働くわたしのもとには、幾人もの「もう死んでしまいたい」という人が連絡をとってくる。実際に来訪してくれる人もいる。そういう人たちに共通するキーワードがある。

「周りの人には、言えなかった」

追いつめられた人のなかには、もちろん文字どおりの意味で、孤立無援で暮らしている人もいる。たったひとりでアパートの部屋に暮らし、生活保護を受けており、訪れる者は誰もいない。自分なんて誰の役にも立たない、社会のお荷物だ。自分に生きている意味などあるのか？　そんな絶望のなか最後の話し相手を求め、わたしのもとへ連絡をしてくる人もいる。

だがその一方で、表面上は何不自由ないように見える人もいる。その人には信頼できる人々が十分いる。家族とは仲良く暮らしており、友人もそれなりにおり、仕事もしている。うわべだけの付き合いというわけでもない。けっこう深い話もしたりする。


しかし。「死にたい」、これだけは言えない。ぜったいに言えないのである。

理由はさまざまだ。言っても理解されないから。必ず止められるから。重すぎて相手が引いてしまうから。今の関係を壊したくないから。喧嘩になってしまうから。その他いくつもの理由が複雑に絡みあい、身近な人には「死にたい」と打ち明けることができない。

そもそも「死にたい」と感じる、そのぎりぎりに追いつめられるまで、自覚がなかったという人もいる。がむしゃらに働いている。無理をしているつもりはない。まだまだやれると思っている。だから、頼まれたことは断らない。他人から必要とされることに、むしろ喜びさえ感じている。

だがいつの間にか疲労は蓄積している。強い緊張にさらされ続け、ストレスがたまってゆく。気づかぬうちに限界に達した人々のなかには、心筋梗塞やくも膜下出血などを発症し、突然倒れてしまう人もいる。それだけではない。金属疲労が破断に至るるように、ぽっきり自らの命を絶つ人もいるのだ。

わたしは突然キレた

そこまでは行かなくても、次のようなことに心当たりのある人は少なくないだろう。なぜか朝、布団から出られない。夜、まんじりともできない。真っ昼間に疲れ果て、横たわりたくなる。今まで気にも留めずやっていた洗顔や入浴ができなくなる。

肉体の病とは異なり精神の病は、ふだんからおのれを厳しく律している人ほど、それを認めることができないものだ。「甘えてはいけない」「これがプロフェッショナルというものだ」「今が踏ん張りどき」。このとき、もしも周りの人たちが彼あるいは彼女のことを愛し、高く評価していたとしても、むしろ本人は愛されており、評価されていると自覚しているからこそ決して口にはできないであろう、「もうすべてを投げ出したいんです」とは。そんなとき、目の前に死の選択がちらついてくる人は少なからずいる。

相談に応じる側の者として、相談者を一方的に分析するかのように語ってきた。だが、これは相手に対する分析であると同時に、自己分析でもある。

というのも、わたし自身がかつて限界に達し、職場でキレて激昂し、自死しかけた経験を持つからだ。

「ほうれんそう」という。報告、連絡、相談である。わたしは出身地から遠く離れた地へ妻と共に赴任し、牧師としてよりもむしろ、幼稚園の理事長兼園長としての日々に忙殺されていた。とはいえ遠方の同僚や友人に、メールや電話などを用いて悩み相談をしようと思えばできた。当時すでにスカイプもあったので、顔を見ながら長時間雑談を楽しむこともあった。それでも「しんどい」と打ち明けることはなかった。というよりも、そこまで追いつめられているという自覚が、キレるその瞬間までなかったのである。キレた自分に驚いた。なにに対してキレたのかが分からなかったし、キレた自分の大声に自分でショックを受けた。

なぜ疲れやストレスを封じ込めたのか

数年前、国会議員をしていた女性が秘書に激昂し暴言をはいたことがスキャンダルとなった。そういうスキャンダルはさまざまな業種で起こっている。わたしは彼女を嗤《わら》うことができない。わたしだって、もしもキレた相手がわたしを赦さず、訴えていたとしたら、今の仕事に就くことはできなかったであろう。周りの人に赦され、支えられた結果、わたしは今ここにいる。わたしには前科がある自覚というか、負い目がある。

スキャンダルを起こした有名人が、ツイッターで激しくバッシングされる。たしかにケースによっては、明確に被害者がいることもある。そういう場合、スキャンダルを起こした人物は相手に賠償したり、法的な裁きを受けたりしなければならないこともあるだろう。だがそのことと、「スキャンダルを起こした人はこの世界に生きる価値はない」ということとは、話が違う。なにが過ちだったのか。その過ちを二度と繰り返さないためにはどのような生き方をしていけばよいのか。スキャンダルを起こした人にも自分自身と対話する時間が与えられるべきである。

拙著『牧師、閉鎖病棟に入る。』で、わたしは同室だった16歳の少年のことを語った。彼は妹を金槌で殴ったため、強制的に入院させられていた。地域に医療少年院があれば、そちらに送致されていたことだろう。彼以外にも、素行や家庭環境に重い問題を抱えた少年や青年が何人か入院していた。彼らは病院内で放置されているように見えた。わたしが入院した時点ですでに何年も入退院を繰り返していた彼らは、最低限の読み書き計算など、義務教育で学ぶはずの知識を得る機会も奪われていた。

彼らがわたしから刺激を受け「自分たちも勉強がしたい」と言いだしたとき、わたしは病院に学習スペースの許可を求めた。だが病院側からは「ここは学校ではありませんので」の一言しかなかった。持て余す若さを発散できる場も与えられず、きつい副作用を伴う薬で鎮静させられ、無為に時間をやり過ごすことを強いられる彼ら。彼らは退院後、どうやって社会に適応することができるのか。

修復的司法という言葉がある。法を犯した者が服役中に、自らの過去を振り返り、認知の偏りや歪みを自覚し、被害者に与えた傷の深さに気づいてゆく、そのための治療や訓練が行われる。自分の殻に閉じこもり、自分を正当化しようとする受刑者を、他者のいる世界へと開いていくのである。それは受刑者ひとりでできることでもないし、治療や訓練が必ず奏功する保証もない。

だが、わたし自身、ある意味で修復的司法に近い体験を経て社会に復帰したという自覚がある。なぜキレてしまったのかを自問し、内省し、他者に対して説明できるようになるための訓練を閉鎖病棟で行ったからだ。入院中に完全な答えを得られたわけではない。今も模索は続いている。ただ、疲れやストレスを封じ込めて誰にも言わないのではなく、封じ込めようとするのはなぜなのかと自問し、周りの人にも打ち明けることができるようにはなれた。今はそれで十分だと思っている。

生きていく意味が分からなくなったとき

「自分なんか生まれてこないほうがよかった」

生きがいを感じない。なんで生きているのか分からない。より根源的にいえば、なぜ自分は生まれてきたのか。そもそもそれが分からない。いや、もっと否定的に「自分など生まれてこないほうがよかった」と。こうした問いや嘆きを発する人々に共通することがある。それは、彼ら彼女らは皆、「今、ここに生きていることの意味」を渇望しているということである。

思えば、人生とは綱渡りのようなものかもしれない。微妙なバランスをとりながら、とにかく前を向いて、一歩、また一歩。綱を踏みしめ、前だけ向いて、歩いていかなければならない。けれども、なかには前を向き続けることができず、ふと足元を見てしまう人もいる。

うつむいて自分が立つ綱の細さ、そのはるか下方を見てしまったが最後。足はすくみ、もはや一歩たりとも踏みだせない。ことによっては綱から足を踏み外し、地面へと真っ逆さま！

真っ逆さまに落ちた人が地面に激突しないためには、地面よりも上にセーフティネットを張っておく必要がある。人生の綱渡りにおけるそれは医療であり、福祉であり、ときには宗教のこともある。

わたしは聖書を読んで人に話すことをなりわいとしている。牧師の仕事の中心は、礼拝のなかで聖書の話をすることだといえる。

ところで、聖書のなかに現代のような意味での自殺は見られない。自ら命を絶つとしても、それは戦で敗色が濃くなったとき、武士が自刃するような意味あいだったりする。現代人に近い感覚で絶望し首をつるのは、どうやらイエスを裏切ったユダだけのようだ。

聖書に語られる古代社会は疫病や飢饉、戦乱に幾度もさらされ、人々は生き延びることに一所懸命だった。だから現代人のような「死にたさ」を味わっている暇などなかったのであろう。

古代にもいた深く絶望した人たち

一方で、そのような聖書の世界においても、富裕層や知識階級のなかには「自分など生まれてこないほうがよかった」と嘆いた人もいる。

この後、ヨブは口を開いて、自分の生まれた日を呪った。ヨブは言った。

私の生まれた日は消えうせよ。
男の子を身ごもったと告げられた夜も。
その日は闇となれ。
高みにおられる神が顧みず
光もその日を照らすな。

ヨブ記 3章1－4節 聖書協会共同訳（以下、聖書は同訳より引用）

これなど自分の誕生の全否定である。さらにはこんな表現もある。

だが私は虫けら。人とは言えない。
人のそしりの的、民の蔑みの的。

詩編 22章7節

こんにちを生きるわたしたちが、あまりの苦しさに「わたしなんてゴミ。みんなわたしのことキモいって思ってる」と自嘲する。そんな状況に、ぴったり寄り添う言葉ではないか。

教会へ苦しみを語りに来る人には、わたしは聖書を引用するにしても上記のような、とことんネガティブな箇所からにしている。古代に書かれたはずの聖書に、まさにあなたの声が録音されているんですよと。するとたいてい相手は驚く。「聖書にこんな後ろ向きな言葉が書いてあるなんて」。夢も希望もなく落ち込んでいた人は、夢も希望もない聖書の言葉に安心し、笑顔さえ見せる。

人にはそれぞれ、自分にふさわしい時機というものがある。苦しいときは、言うなれば台風の通過中だ。台風が通りすぎようとしているときに「今は晴れているぞ。晴れだ！」といくら叫んでみたところで、外は暴風雨。家のなかでじっと、台風が通りすぎてしまうのを待つしかない。

誰かがそばにいると感じられたら

ところで台風の通過中、ひとりで家にいると心細い。停電や浸水が起こったときにはパニックになるかもしれない。そんなとき、もしも誰かがそばにいれば、声をかけあったり、助けあったりすることもできるだろう。苦しみの渦中にあるときも同じではないだろうか。

「自分はなぜ生きているのだろう」とか「生まれてこないほうがよかったのに」とか。そういう問いに、アンケートに答えるように回答することはできない。それらは答えのない問いであり、しかし問うている人自身にとっては、問わずにおれない切実な問いである。そしてこの問いは、たちの悪いことに、しばしば暴風雨のように荒れ狂い、問う人を不安に陥れ、苦しめる。

そうであれば、誰かがそばにいることが大切になってくる。問うたからといって答えが出るわけではないにせよ、「なぜなんだろう。どうしてなんだろうね」と、一緒にため息をつける仲間がいること。それだけで、問いの向こうに垣間見えるものはぜんぜん違ってくる。

わたしに想いを吐露する人も、回答を求めているわけではないのだろう。彼ら彼女らは、自分のなかで淀んでしまった言葉に、新しい流れを注ぎたいだけなのだ。わたしという他者がなにげなく発する「どうしたらいいんでしょうねえ……」という一言が、淀んでいた思考をかき混ぜ、底に沈んだ記憶の滓《かす》を舞い上がらせる。そのかき混ぜ役は家族や恋人、友人知人ではだめなのだろう。身近な人と話しても、言葉はいつも同じところに流れ着いてしまうからである。

そうやって同じところに流れ着き、淀んだ言葉は、いつも静かに沈殿してしまう。だから赤の他人であり、しかし偶然すれ違う人ほど遠くはない、そういうわたしが求められるのだろう。身近でも親しくもないわたしに、彼ら彼女らは思考を攪拌《かくはん》、ひょっとしたら攪乱してもらおうとやってくるのかもしれない。

わたしはお寺や神社に行くことがある。美術館でゆっくり作品を眺めたりもする。お寺や神社の境内そのもの、美術館という建築空間それ自体が、凝り固まったわたしの思考を解きほぐしてくれる。それは気分転換以上の行為である。

ましてその解きほぐしの過程において、今の自分が抱えているのと同じものを、他者に見いだせたとき。

「わたし以外の人、それどころか今はこの世にいない、ずっとずっと昔の人も、わたしと同じ悲鳴をあげていたんだなあ。わたしはひとりじゃないんだなあ。今の人とも、昔の人とも、苦しみでつながっているんだなあ」

「このわたしの苦しみ」から「このわたし」の殻が取り去られる瞬間である。わたしの外から、じつに清々しい風が吹いてくる。

第2章

生きづらさの正体を知るために

ある日突然、学校に行けなくなった

不登校になったが、明確な理由などない

ツイッターを指ですべらせてゆくと、生きることに伴う疲労を、さまざまに表す言葉が流れてくる。かと思えば、怒りとともに他人を、ときには世界を呪詛する言葉も流れてくる。そういう言葉を読んでいると、まるで聖書の続きが綴られているような気さえする。

わたしは高校1年生のクリスマスに、キリスト教のなにも知らないまま、気分で洗礼を受けた。世のなかもバブル絶頂期だったからなのかもしれないが、わたしも10代ながら浮かれていたと思う。なにかのアイデンティティを持っているのがカッコイイ。言うなればファッションの一つとして洗礼を受けたのかもしれない。洗礼を受ける前後になにを感じ考えていたのか、もうぼんやりとしか想いだせないが。明確に憶えていない、憶えている必要もない

程度の動機による入信だったということだ。

高校3年生になり、突然学校に行けなくなった。わたしは前年の夏『魔女の宅急便』を観に行ったことを想いだした。映画館は大混雑。当時は座席指定などなかったから、客が入れ替わる瞬間、わたしはかばんを椅子めがけて投げた。残念ながらかばんは通路に落下。かばんのすぐそばにいたカップルに、わたしは大声で叫んだ。「かばんを席に置いてください！」かくして、わたしはどうにか席を確保し『魔女の宅急便』を観ることができたのである。周りを見渡すと、通路は立ち見の客ですし詰めであった。

物語の中盤、キキは突然飛べなくなる。それだけではない。黒猫のジジが「にゃお」と鳴き始める。キキに皮肉さえ飛ばしていたパートナーが、言葉の通じない動物になってしまったのだ。キキにとって当たり前だったことがすべて崩壊していく瞬間である。17歳の夏にこの場面を観たとき、それほど強い印象は残らなかった。スランプに陥ったキキが終盤には力を取り戻すという、その躍動感あふれる全体像にこそ魅力を感じた。

だが、わたしはある日突然学校に行けなくなる。校門に近づいただけで吐き気が込みあげる。かろうじて校舎に入ることができても、行く先は保健室。当時は不登校や保健室登校という言葉もない。あるのは「登校拒否」という言葉だけ——そんなはずはない。わたしは学校が好きだ。拒否するなどありえない。なぜ、どうしてこうなる。

わたしは混乱し、苦しかった。親にも打ち明けることができず、「行ってきます」と家を出ては、近所の公園で午後まで時間を潰した。ベンチに座り、真正面の黒々とした街路樹をじっと見つめた。

なぜキキは突然飛べなくなったのか。なぜジジは野良猫のようによそよそしくなったのか。そのことばかり考えていた。わたしはどうやったらもう一度飛べるのか。当たり前のようにクラスや部活の友人たちとしていた会話を、どうすれば再びできるようになるのか。映画のようには、わたしにクライマックスは来なかった。わたしは高校を留年し、退学した。

ひきこもりから高校中退へ

健康的だった日常は、キキが突然飛べなくなったように、突然崩壊した。わたしは突然ひきこもった。しかしキキが2時間以内で復活したようには、わたしはどうしても回復することができなかった。

飛べなくなり、身近な人との意思疎通も困難になったわたしにとって、家以外の唯一の居場所が、あの、なんとなく洗礼を受けた教会だ。わたしはそれ以外のすべての世界から逃げるように、教会だけには通った。教会に行けば安らげた、というわけではない。教会でわたしは大人たちと衝突を繰り返し、不機嫌に当たり散らした。いま振り返れば、教会を出入り禁止にされてもおかしくない迷惑行為だったと思う。

お祈りの会に出席して、受験シーズンにわざと「わたし以外のみんなが受験に落ちますように」と祈った。中高生向けの礼拝に出ても、大人が聖書の話をすれば「聖書にはこうも書いてある。あなたの言っていることは矛盾しているではないか」と難詰《なんきつ》した。

そのうち「みんなが怖がるから、もう中高生のクラスには来ないでほしい」と言われた。寂しかった。それでもわたしは大人たちに交じって礼拝には出席し続けた。

わたしのことを気にかけてくれる神学生がいた。彼はある日、聖書を読むよう勧めてくれた。と言っても、分厚い聖書ぜんぶを通読しなさいと言ったのではない。彼は言った。

「ヨブ記を読んでごらん」

わたしは聖書のなかにある「ヨブ記」と呼ばれる箇所を開いた。そこには、わたしが今まで八つ当たりしていた仮想敵の「清く正しいキリスト教」とはぜんぜん違う世界が広がっていた。

なぜ、私は胎の中で死ななかったのか。
腹から出て、息絶えなかったのか。

ヨブ記３章11節

自分自身と世界への、そして神への怒りに満ちていたわたしにとって、これはわたしの言

葉だった。生きながら殺されているようなものだと日々感じていた、このわたしの言葉。聖書の言葉が「ありがたい聖典」ではなくて、ボロボロになったわたしの、醜いわたしの、そういうぜんぶをひっくるめたわたしの言葉になった。

ヨブはさんざん不幸に見舞われた後、重い病気に罹《かか》ってしまう。やがて友人たちがヨブを訪問する。だが友人たちはヨブが受けている苦痛を、あれこれ理屈をつけて解釈しようとする。それは、苦痛に耐えている当事者に出遭ったとき、慰めようとして不用意な言葉を発し、かえって傷つけてしまうことに似ている。

理由が説明できない不幸を、わたしたちは受け容れられない。だから無理にでも説明しようとする。その「説明したがり」という性《さが》が、不幸の渦中にいる人の傷に塩を塗る。善意からとはいえ、おのが苦しみを勝手に解釈しようとする人たちに対するヨブの言葉は、だから現代にもリアルに響く。

私の前で黙っていてくれ。
そうすれば、私は語ろう。
なにが私に降りかかってもよい。

ヨブ記13章13節

私の言葉をよく聞いてほしい。
これがあなたがたの慰めとなるように。
私を立てて、この私に語らせてほしい。
私が語った後で、嘲ってくれ。

ヨブ記21章2－3節

ネガティヴな言葉に耳を傾けてくれる他者の存在

わたしが不登校になったときも、高校を中退したときも、教会の人たちはいろいろ「助言」してくれた。もちろん善意からであった。ただ、その人たちは不登校の人間と接したことがなかった。

今にして思えば、教会の人々はわたしに対し、「『学校に行く』、こんなかんたんなことがなぜできないんだ？」と、疑問を拭えなかっただろう。メディアで観たことがあるだけの「登校拒否」当事者をいざ目の前にして、異質な存在に対する不安もあったかもしれない。

また、わたしがいつキレるかもしれないと、恐怖さえ感じる人もいただろう。そうした疑問や不安、恐怖の裏返しとして、教会の人たちは既存の信仰の言葉でわたしを説き伏せようとしたのだ。

だが、それがわたしにはつらかったのである。わたしにとっては信仰的な正解などどうでもよかった。わたしは、わたしの苦しみに耳を傾けてくれる他者を欲していただけなのである。

今日もまた、教会に悩みや苦しみを語りに来る人がいる。「どうしたらいいのでしょうか」と、具体的な対応策をわたしに尋ねてくるかもしれない。じっさい、そういう人もいるし、尋ねられればわたしも答える。分からなければ調べたりもする。

ただ、わたしは実感するのだ。教会に来るほとんどの人は、いや、おそらく想いを語りに来るすべての人は、「わたしの話を聞いてくれ」という強い思いに衝き動かされているのだと。そうでなければ、そもそも教会に連絡をとってはこないだろう。まして、わざわざ見知らぬわたしに会いに、教会にまでやってこないだろう。いまどきインターネットで検索すれば、たいていの知識は得られるのだから。

それが分かっているからこそ、わたしは相手に対して、いかにも希望に満ちた、前向きでキラキラした言葉は話さないようにしている。聖書を引用するにしても、上述したような箇所である。

なんだ、聖典にさえこんなに暗い言葉がつぶやかれているのか。そこで呟いている人は、自分となにも変わらないじゃないか――まるで古代人のツイートを読むように聖書の言葉に接するとき、自分の苦しみが聴き流されることなく受け止められ、記憶に刻み込まれ、聖典に書き残されているように感じられる。自分の苦しみに、古代人が付き合ってくれている。そして、ひょっとすると神も。キリスト教徒でなくても、そんな安心を少しでも感じてもらえればと、わたしは来訪者と向きあっている。

そんなわけで、今日もわたしはネガティヴきわまりないツイートたちのなかに、ヨブの残響を聴きとっている。

ひきこもりだった当事者が語れること

学校や会社にどうしても馴染めない

平成30（2018）年時点で、広義のひきこもりをしている40歳から64歳までの人々の推計は61・3万人であったという。その3年前、平成27（2015）年に15歳から39歳までを対象にした調査では、やはり54・1万人の人々が広義のひきこもり状態にあると推計されていた。「広義のひきこもり」とは、ふだんは自宅もしくは自室にひきこもっているが、コンビニへの買い物や趣味のための外出はするという意味である。（内閣府「特集2『令和元年版 子供・若者白書』）

教会への問いあわせがあまりにも増えてしまったため、現在は電話のみでの相談には応じておらず、お話をしたい方には教会に来ていただくことにしているのだが、以前は電話やツイッターのダイレクトメッセージにも応対していた。そのなかには、ひきこもり当事者や、（別の）ひきこもり当事者の親からの連絡もあった。それぞれに言いぶんがあり、その言葉は重かった。

ひきこもりに至る理由はさまざまであるが、わたしの出遭った人たちに限っていうなら、そのいきさつはおおむね次のようなものである。

一つには学校に馴染めず、友だちもできず、先生も信頼できず、不登校になった場合である。そのままひきこもりを開始し、現在の年齢に至るまで進学も就職もできずにいる。

そしてもう一つは、就職後にひきこもる場合である。就職はしたが職場に馴染めなかった、上司から激しく叱責されショックを受けた、過酷な残業が多かった等々。それらのいずれか、あるいは複数が重なりあって休職、そのまま退職に至る。職場で、あるいは退職後、うつ病やパニック障害などを発症し、外出できなくなってひきこもる。

退職後すぐひきこもる人もいるし、就職活動はしたものの再就職できなかったり、再就職先がさらに過酷であったりして、徐々にひきこもってゆく人もいる。学校のケース、職場のケースいずれも、上記のように心身を病んで通院している、あるいはかつて通院したことのある経験を持つ人が多い。

そして最初に述べたとおり、ひきこもる本人ではなく、その親からの相談もあった。福祉の窓口や精神科へ本人の代わりに行くなど、手を尽くした後である。それでも埒《らち》が明かないとき、宗教に頼ろうと思ったのかは分からないが、わたしのところへ連絡してきたのだ。

そうやって連絡してきたのは今のところすべて母親であり、父親から相談を受けたことはない。彼女たちが話すのはたいてい、娘ではなく息子のひきこもりについてであった。母親は息子に、一日も早く就職して家を出てほしい、自分たち親が養うのは限界であると感じている。しかし、そのことを息子に伝えると必ず喧嘩になってしまう。相談者それぞれ別の世帯の話なのに、親たちの話は驚くほど似ていた。

わたしは専門家ではないので、こうした相談者たちに、なんら具体的な指導を行うことはできない。話を聴かせてもらうだけである。ただ、相手がひきこもり当事者であれ、その親であれ、一つだけ伝えることがあった。それは、ひきこもり当事者に対しては「待っています。また連絡をください」、親に対しては「待ちましょう。今すぐ決断を迫るような会話は、今はしないでおきましょう」である。アドバイスくさくならないよう、相手の話をよくよく聞いたうえで、細心の注意を払ってのことであった（だから言わないこともあった）。

ただ、最初に述べたように、残念ながら相談電話の件数が増えすぎて、このようなやりとりは不可能になってしまった。中途半端に首を突っ込んだわたしの見通しが甘かったことを、今は反省している。

ひきこもりの浪人時代、最後の年明けに起こった出来事

先にも書いたが、わたしは高校3年生だった6月、突然学校に行けなくなった。学期テストの直前か途中くらいだったと思う。校門をくぐろうとすると吐き気がして、回れ右で家に真っしぐら。ついには家から出ようとするだけで吐き気をもよおすようになった。最初は親に嘘をついて通学するふりをしていたが、あきらかな体調不良は隠し通せるものではない。わずか1か月のうちにわたしは12キロも痩せてしまい、寝返りをうつのも困難になった。

その高校には補講や追試など落第防止策がなく、欠席が一定日数に達した時点でわたしは留年した。だが留年後も体調は回復せず、けっきょくわたしは高校を中退することになった。

その後は大学入学資格検定試験（現在の高卒認定試験）を受けたり、浪人をしたりしていたのだが、なにしろ電車やバスに乗っただけで緊張し、気分が悪くなるのである。基本的には家にひきこもる日々であった。かつての友人たちと顔をあわせるのが嫌だったので、散歩をするにしても、それは深夜に限られていた。重油のように黒くねばる川。その川面には街灯や家の窓が映る。月に照らされ浮かびあがる製鉄所。

街灯から街灯へ、黙々と歩きながら考えた。いつまで生きなければならないのか。だが死ぬのは怖い。散歩が終われば家族が寝静まった自宅に戻る。自室ではもう何度も読んだ漫画

を読み返し、飽きればそっと階下へ下り、暗い居間のテレビにゲーム機をつなぐ。

ひきこもり浪人最後の年明け、阪神淡路大震災が起こった。わたしは不十分な仕上げのまま受験に臨んだ。案の定というか、震災がなくてもどのみちだめだったというか、とにかく結果はうまくいかず、わたしは望んでいたのとは違う大学へ進むことになった。ところが進学先の大学は実験などのカリキュラムが厳しく、わたしのような中途半端なモチベーションを許す場所ではなかった。

震災の体験がこびりついて離れず、しばしば過呼吸の発作にも悩まされていたわたしは、けっきょく単位取得もままならず、その大学も中退。再びひきこもりと相成った。大学に残した私物は父が取りに行ってくれた。奨学金も受けていたとはいえ、それでも高い学費をわたしの代わりに背負ってくれた父。ひきこもりからようやく脱したかに見えたわたしに希望を抱き、精いっぱい応援してくれた父。そんな父は、わたしの退学の知らせを受け取り、校門に至るあの急勾配の坂を上っていったのだ。今はただ無用となった、わたしの荷物を引き取るだけのために。父が額をハンカチで拭いながら、坂を早足で上っていく。その姿を実際に見たわけではないのだが、想像したくなくても像が執拗に迫ってくる。胸がしめつけられる。

大学をやめた後、精神科の薬は増えてゆくばかりだった。副作用でいつもうとうととしており、横たわっているわたしを見かねた両親の勧めで、わたしはカウンセリングにも通うようになった。最初は「話を聴いてもらうだけでなんの意味がある。精神科で十分だ」と、ぜんぜん当てにしていなかった。ところが通い続けるうち、わたしはいつの間にか調子を取り戻していた。自分にやれそうで、さしあたり負担も少なそうな道を見いだすこともできた。それが、「関西学院大学神学部を受験する」という選択肢だったのである。

天の下では、すべてに時機があり
すべての出来事に時がある。
生まれるに時があり、死ぬに時がある。
植えるに時があり、抜くに時がある。
殺すに時があり、癒やすに時がある。
壊すに時があり、建てるに時がある。
泣くに時があり、笑うに時がある。
嘆くに時があり、踊るに時がある。
石を投げるに時があり、石を集めるに時がある。
抱くに時があり、ほどくに時がある。
求めるに時があり、失うに時がある。

保つに時があり、放つに時がある。
裂くに時があり、縫うに時がある。
黙すに時があり、語るに時がある。
愛するに時があり、憎むに時がある。
戦いの時があり、平和の時がある。

人が労苦したところで、何の益があろうか。

コヘレトの言葉 3章1－9節

「すべての出来事に時がある」

わたしは10代の終わりと20代前半の、二度にわたってひきこもりを経験した。しかし当時を振り返って気づいたことがある。それは、母からも父からも「あんた、これからどうするの」と急かされたことが、一度もなかったということである。

実家は決して裕福ではなかった。父は高卒のサラリーマンであり、母も夏は暑く冬は寒い倉庫でパートをしていた。わたしをいつまでも家にひきこもらせておく余裕などなかったはずである。しかし母も父も、わたしが話しかければ率直に答えてくれたし、わたしがひとりになりたいなら放っておいてくれた。「もうちょっと勉強したら」と小言を言うことはあったが、決してしつこく繰り返さなかった。

これを「あなたは甘やかされたのだ」と見る向きもあろう。たしかに、両親がわたしのためにどれほど忍耐してくれたのかを想えば、わたしが親に苦労をかけたことは否定できない。また、わたしを急かそうとしなかった両親の態度を根拠に、子育て中の親たちに対して「親たるもの、こうあるべきだ」と主張するつもりもさらさらない。そんな資格が自分にあるとも思わない。ただ、少なくともこれだけは言える。わたしの両親は、わたしに「待つ」ということの大切さを、その身をもって教えてくれたのだと。

わたしたちは「待つ」という行為を消極的な姿勢と見なしがちである。あるいは、待っている時間は無駄なのであり、できるだけ待ち時間の少ない、つまり無駄のない生活をしなければならないと考える。

けれども、人の一生というレベルでものを観るとき、無駄か否かという視点では語りえないものがある。ある人が、その生き方において変わるのか、変わらないのか。その人は自分を変えられるのか、変えられないのか。変化は自分で起こすのか、なにかに促されて起こるのか――そういう大きな問題について、拙速な結論を出すのはよくないとわたしは思う。

大切な基本姿勢は、待つことである。聖書には「すべての出来事に時がある」、そして

「人が労苦したところで、何の益があろうか」と語られている。この詩は、人間の労苦を無駄だと否定しているのではない。ある人に変化が起こるタイミングを、本人あるいは他人が、人為的に操作したり確定したりすることはできないと言っているのだ。

ひきこもっている人にも、その親にも、さまざまな事情があるだろう。「ひきこもり」という単語で一括りにするにはあまりにも多様なものが、その言葉には詰まっている。だからこそ、わたしは待つことのゆたかさを語りたい。

待つだって？　そんなきれいごと言ってられるか――たしかにそうかもしれない。ひきこもる子もその親も、焦ることもあるだろうし、苛立ちが爆発することもあるだろう。人間なんだから焦ったり怒ったり、落ち込んだりするのは当たり前である。

だが、その焦りや怒り、落胆の底に、待つことへの希望があってほしい。ひきこもる人を、周りの人は信頼して待ってほしい。ひきこもる人は、自分自身を信頼して待ってほしい。わたしはそう願い、祈る。

生きづらさの原因は「心」？

性格ってそもそもなんだろう

人間には自由意志があるのだろうか。少し前に「親ガチャ」という言葉が流行した。生まれた環境の偶然性が、その人の人生を左右するというわけだ。それなら、努力することの意味はなんだろう。努力もまた、努力できるための条件が整っているから可能なのだという意見もある。たしかに教会で出遭う人のなかには、過酷な生い立ちを持ち、持病があり、貧困に苦しみ、それでなにをどうやって頑張れというのかという人も少なくない。

意志に関しては、ベンジャミン・リベットという生理学者の興味深い実験がある（参照：小坂井敏晶『増補　責任という虚構』ほか）。詳しい説明は省くが、彼によると「よし、手を挙げるぞ」

と意志するよりもほんの一瞬前に、筋肉を動かす指令が脳から出ているというのだ。つまり意志する以前に手を動かす電気信号が身体を走っていると。もしかすると日常のさまざな場面で「よし、これをしよう」と思ったときには、すでにそれをするよう身体に情報が流れているのかもしれない。それによくよく考えてみると、コーヒーをいれるとき、いちいち「よし、コーヒーを飲むぞ」と思ったことなどない。なんとなく立ちあがって、気がつくとガスコンロの前に立っている。

まだそれだけならいい。わたしたちはうっかり失敗することの、なんと多いことだろう。「どうしてくれるんだ」と責任を問われることも多い。ふざけてとか、わざととか、そんな仕方で失敗する人はおそらくいないだろう。そもそも、ふざけるのもわざとも失敗とはいわない。それは冗談か嫌がらせか、犯罪である。なぜか失敗するときの「なぜか」の部分。それが累積すると、人は生きづらさを感じてしまう。わたしは失敗することなど意志していない。それなのに身体の振る舞いは意志から逸脱する。

最近いくつかの本を読んでいて、それぞれは異なるテーマを扱っている書物だったのだが、そのいずれにも社会心理学や進化心理学が言及されていた。理想とはうらはらに、なぜかやらかしてしまう傾向性。一人ひとりは善人でも、群衆になると狂暴になる不思議。これらの謎に、人類の進化史や脳の認知機能といった視点からアプローチするのである。

ちなみに、わたしは神学部で学んで牧師になった。神学はその歴史上、近代哲学のルーツでもあったし、神学と哲学とが別の道を歩むようになってからも、隣接したり重なりあったりする部分が少なからずあった。わたしが学んだ神学や哲学においては、人間はまず個人として存在し、自由を望み、その自由において、自らの意志で決断し行動するということが理想とされていたように思う。

そのような人間存在がしかし、現実には欲望や逸脱に苦しんだり、支配に抑圧されたりする。自由なはずの人間がなぜこんなにも苦しむのか、わたしも自分なりに考え続けてきた。けれども、どうやら人間という生きものはそもそも自由ではないどころか、そんなカッチリとした個人でさえなく、他の動物にしばしば見られるように、群れとして生きているようなのだ。

ふだんなにげなく使っている「意志」という言葉についても、冒頭に挙げたリベットの実験が投げかけるように、それは本当にあるのか、あるとすればどんな仕方でなのか、学者たちのあいだで活発な議論がなされているという。

少なくとも、わたしが今まで素朴に信じてきたような、確立した個人の明確な意志といったものは、支持されなくなってきているようである。

そういえば、わたしは精神科病院に入院中、脳波を測ってもらったことがある。暗くて人気のない地下室にエレベーターで降り、指定された場所にたどり着くと、そこだけ灯りがついている部屋があった。臨床検査技師が二人、わたしを待っていた。

入院生活にもだいぶ慣れた頃ではあったし、椅子に座って検査機器を頭につけられ、目隠しをされても、とくに緊張することもなかった。

「深呼吸して、リラックスしてください」

臨床検査技師の指示どおり、リラックスできていたと思う。しかし検査結果は意外なものであった。医師は脳波の記録紙を見せて説明した。

「ここはリラックスしているはずの部分です。ほんらい静かな波のところでも、ぴりぴり小さな波が起こっているでしょう。あなたはいつも頭のなかが緊張しているんです。小型車のエンジンで高速道路を走り続けている状態ともいえるかもしれません。そりゃあ、脳は疲れてしまいますよね」

「そうだったのか……性格のせいじゃなかったんですね」

でも、性格ってそもそもなんだろう。

苦痛は「心のありよう」なのか？

わたしは一つのことに囚われると、すっかり夢中になる。それが楽しいことであっても、ほどほどということを知らず、やりすぎて体調を壊す。誰かが憎いとなれば、何日もその人を憎み続け、夜も眠ることができず、怒りで身を焼き尽くしてしまう。違うことを考えようとしても、憎しみがこびりついて頭から離れないのだ。

我ながらなんでも根に持つ、じつに暗い性格だと嫌気がさしたものだ。けれども脳波の検査を受けて、性格だけのせいではないのだということが分かり、ホッとしたのである。

考えることがやめられない。気持ちを切り替えようとしても、そのことばかりにこだわってしまう。そんな人は多いと思う。もちろん、瞑想その他のリラックス法で解決できることもあるだろう。けれども医師はわたしに「器質的なものもあります」と言ったのだ。受け取りようによっては絶望的な回答ではあるが、わたしはむしろ安心した。どうにもならないことなら、自分の責任ではない。せいぜい医師の出してくれる薬をお守り代わりに、それでやっていこうじゃないかと。

性格を改善する方法とか人付き合いのノウハウとか、心を穏やかにする瞑想とか。そういった情報は世のなかにあふれている。もちろん、それらを用いて心身の健康が回復する人もいる。その一方で、さまざまな方法を試してみても、それでも生きづらさが軽減しない人がいることも事実なのだ。

そういうとき、その苦痛を自分の心のありよう、すなわち自分の性格や考え方のせいにしてしまうこと自体が、もしかしたら間違っているのではないか。性格や思想、意志などといった、言語化可能なもの以前の、脳の認知機能になんらかのトラブルが生じているのかもしれないのだから。

「ひょっとしたら発達障害かも……」

発達障害という言葉も一般的になった。発達「障害」というように、障害という言葉が含まれているからなのか、「わたし、ひょっとしたら発達障害かも?」と思ったとしても、精神科を受診することに抵抗を覚える人は多い。一方で、インターネットでは医学的な根拠とは無関係に「発達」とか「アスペ」などの隠語が飛び交っている。

「わたしは発達障害なのかもしれません」と話す人に「精神科に行くことは恥ずかしいことではありません。あなたご自身が発達障害かもしれないと思っておられるのなら、ちゃんと医師に診断してもらって、必要ならば診断書も書いてもらい、それを職場に提出したほうが、今後のためにいいのではないでしょうか」と話す。すると、たいていの相手は表情を曇らせる。

「わたしって発達障害かも」と冗談や比喩で話すことと、精神科でそのように診断される、つまり障害者手帳を取得できる人間になるということとのあいだには、大きな溝が横たわっている。

わたし自身、教会であれほど「神のもとでは人間はみんな平等」と語ってきたくせに、いざ自分が発達障害の疑いがあると医師から言われると、なんとかしてまともであることを証明しようと躍起になってしまった。

わたしたちには、自分の意志や努力でどうにかできることもあれば、残念ながらどうにもできないこともある。

脳は臓器である。医療機器を用いて、診たり測ったりすることができる。心や精神という、たしかに存在はするが、目には見えず手で触れることもできない概念とは違う（もちろん精神分析などの客観的手法はあるにせよ）。その脳になんらかの器質的な傾向性があるなら、他の人たちが難なくこなせることで疲れ果ててしまったり、考えても仕方のないことがいつまでも頭にこびりついて離れなかったりすることも、認知機能の問題として生じうるだろう。

さらに言うなら、生い立ちや現在置かれている環境などがその人に及ぼす影響も無視はできまい。福祉的支援が必要な場合もあるだろう。それをただ自分の性格や意志だけの問題として克服しようとするなら、ますます挫折体験を積み重ね、自己嫌悪に陥り、自信を喪うことになってしまうかもしれない。

高邁な精神論は意味がない

わたしは牧師である。相談者を安心させるということであれば心や魂の話をするのが、ほんらいの仕事なのかもしれない。けれどもキリスト教の教えでは、心と肉体とはバラバラではなく一体である。だから復活などという、信仰者以外からすれば荒唐無稽な教えを大真面目に信じているのだ。

復活とは死んだ人間が幽霊になるのではなく、肉体で死から起きあがることを指す。肉体抜きの永遠の命というものを、キリスト教徒は信じてこなかったのであり、それはわたしも同様である。心の高邁なありようがどんなものであれ、それをこの身体に刻み込まれてきた記憶や実感と無関係に考えてみたところで、なんになるだろう。

脳もまさに肉体の一部である。心が苦しい、意志がどうしても湧いてこないという人に、高邁な精神論ばかり説いても仕方ない。もしもその人が意志や性格とは別の見方で、たとえば脳の機能の問題、あるいは置かれた環境の問題として自分の苦しみを捉え、医療や福祉の助けによって生きやすくなれるなら、精神論よりも先に病院や福祉の窓口に行ってもらいたい。わたしはそう思う。

わたしもかつて病院で脳波を診てもらい、今なお薬を処方してもらっている人間のひとりである。傷病手当金を受給できたときには、深い安心を覚えた。なので、「心」の問題で苦しんでいる人たちには、早めの通院や福祉相談を祈らずにはいられない。それはあなたの「意志」や「性格」、そしてあなたの責任の問題とは限らないのだから。

第3章

嫉妬心で苦しまないために

コンプレックスを手放さないという選択

三島由紀夫の身体的コンプレックス

わたしは宗教者である。宗教者が他人になにかを語りかけるといったら、「他人と自分を比べることをやめよう」とか「あなたはただ、あなたのままでよいのです」とか。そういうことを語るべきだろうか。そういう安らぎや癒やしに満ちた言葉を、人々は宗教者に期待するだろうか。

だが残念なことに、わたしは今までの人生で、そういうことを思ったことがあまり、というよりもほとんど、ない。いつも自分と他人とを比べて生きてきた。他人との比較で苦しんだことはたしかに多かった。けれども、他人を気にしながら生きることで発見できた楽しみも、たくさんあったとも思っている。

そんなわけだから、自分で思ってもいないのに「他人と自分とを比べる必要などありません」といった説教をしようとは思わない。

わたしは自分の体格に劣等感がある。

三島由紀夫は背が低く痩せていることを気にしていたというが、とてもよく分かる。わたしは背丈こそそれほど低くはないが、幼い頃からとても痩せていた。「なんみん」とよくからかわれたものだ。説明するまでもないことだが、難民のように痩せこけているという意味である。今どきの子どもたちとは違って、昔の子どもはみんな半ズボンで通学し、遊んでいた。友だちの横に座ると、わたしの太ももだけが異様に細い。それが嫌でたまらなかった。誰もがぴちぴちの半ズボンを穿くなか、わたしは太ももが貧弱すぎて、半ズボンのすそからパンツさえ見える。わたしは半ズボンを憎んだ。

さらに成長するにつれ、わたしは漏斗胸という、肋骨が肺を圧すように凹んでいる、胸板がとても薄い特徴を持った骨格であるらしいことも分かってきた。胸板は薄い一方、胃下垂のため腹は出る。ちょうど平安末期の絵巻物に出てくる餓鬼のような体型である。それもあって幼少時から「なんみん」とからかわれてきたのだ。

身体を鍛えようとして小学生の頃は剣道場に通い、苦手なのに野球やサッカーのクラブに入ったりもした。中学生時代は水泳部にいたのだが、少年の無邪気な残酷さは容赦がなかった。心臓のあたりを覗き込まれ「おまえ胸えぐれてるやん！」「腹出てんなあ。病気？」と言われたときの、顔から火が出るような恥ずかしさ。水泳を頑張っても、高校で再び剣道をやっても、腕の筋肉はついても胸板が厚くなることはなかった。

街を歩いていて、建物の大きなガラスに自分を横から見た姿が映る。立て看板のような身体。正面から見ることだけ想定した全身像。横から見ればベニヤ板。

三島由紀夫はボディビルディングに励み、写真撮影される際にはカメラマンに角度を細かく指示したという。彼はコンプレックスに衝き動かされ、ダンディの道に精を出したのかもしれない。人はそれを嗤うだろう。だがわたしは、彼は愉しかったのではないかとも思う。自分は格好わるいと思っているからこそ、どうやったら格好よく見えるか一所懸命に工夫する。その工夫自体が愉しい。出来上がった写真をニマニマ微笑みつつ眺める三島の姿を想像し、わたしもニマニマする。

胸板の薄さは今さらどうしようもない。べつに、どうこうしようとも思わない。筋トレやプロテインは、面倒くさがりのわたしの趣味ではない。

わたしが目指しているのは、ちょっと頑張って買ったお気に入りの服を、何年も、何十年も大切に着続けること。すでに20年以上着ているスーツやジャケットがある。30年以上かぶっている帽子もある。そうやって長いあいだ着用することで、これらの衣類はもはやたんなる布というより、わたしの身体の一部になっている。

そうだ、帽子といえば。30歳を過ぎた頃から禿げ始めた。禿げが気になりだした当時は、毎日鏡を見ては苦悩し、髪の梳き方を変え、手鏡で頭頂部を眺めてはため息をついたものだ。だが、そんな時代も今は懐かしい。わたしは禿げをかつらで隠すつもりはない。

頭といえば、禿げのことだけではない。わたしの後頭部はとても出っ張っている。そのこともまた、子どもの頃は劣等感の種であった。「エイリアン」とか「ラグビーボール」とか。これまた子どもならではの残酷さで、友人や先輩からかわいがられたものだ。だからといって、まさか頭を丸く削りだすわけにもいくまい。

頭のかたちだの禿げだの、気にならない人にはどうでもよいことだ。しかしわたしはそれを気にした。おかげで帽子には愛着がある。30年も愛用している帽子があるというのも、そういうことである。

おしゃれの原点は外見的コンプレックス

長々と自分語りをしてしまったが、ようするにわたしのおしゃれの原点は身体的コンプレックスにあるということを言いたかった。しかしわたしは、このコンプレックスに満ちたおのれの身体を愛している。衣類を20年、30年と大切にしてきたように、50年生きてきたこの身体を、これからも大切にしたい。

コンプレックスという、この複雑にもつれあい、解きほぐすことがとても難しい感覚について、わたしはパウロの言葉を思い出す。

目が手に向かって「お前は要らない」とは言えず、また、頭が足に向かって「お前たちは要らない」とも言えません。それどころか、体の中でほかよりも弱く見える部分が、かえって必要なのです。私たちは、体の中でつまらないと思える部分にかえって尊さを見いだします。実は、格好の悪い部分が、かえって格好の良い姿をしているのです。しかし、格好の良い部分はそうする必要はありません。神は劣っている部分をかえって尊いものとし、体を一つにまとめ上げてくださいました。それは、体の中に分裂が起こらず、各部分が互いに配慮しあうためです。

コリントの信徒への手紙 12章21－25節

他の文章で引用した箇所もそうであるが、この引用もまた、2018年に出版された聖書協会共同訳という翻訳である。

「私たちは、体の中でつまらないと思える部分にかえって尊さを見いだします。実は、格好の悪い部分が、かえって格好の良い姿をしているのです」

という部分が、わたしはとても気に入っている。じつはこの箇所、１９８７年に出版された新共同訳聖書では、以下のようになっている。

「わたしたちは、体の中でほかよりも恰好が悪いと思われる部分を覆って、もっと恰好よくしようとし、見苦しい部分をもっと見栄えよくしようとします」

印象としては、１９８７年と２０１８年とで正反対の翻訳になってしまったようにも感じられる。なにしろ古代の言語を現代の日本語に翻訳しているので、翻訳者の学問的・信仰的解釈によってこんなにも違う文章になるのだ。わたしはこの両方の翻訳というか、解釈を接続したい。


つまり、こういうことだ。格好が悪い部分を覆って格好よくしようとする行為は、その行い自体みっともなく見える。だが、そうではない。格好が悪い部分を一所懸命覆ってみようとするのは、格好の悪い部分が、じつはそれだけ尊いからなのだ。尊いからこそ、その尊いものをなんとかして大切に扱おうとするのである。

そして大切に扱うからには、できるだけ美しく、格好よく見せたい。尊い大切なものをぞんざいに、粗末に扱って、見苦しいまま放置したくない――このように考えると、わたしが強いコンプレックスを感じていること、すなわち身体の特徴や性格、精神障害といったものは、神の目から見れば大切で尊いものだということになる。

神がわたしの、ある部分を尊いと思っている。そのことをわたしは知ってか知らずか、その部分が気になって仕方ない。だからできるだけ美しく、見栄え良くしようと努力してしまうのだ。読者であるあなたが神を信じていないのであれば、「神」にあたる部分は「見方を変えれば」とか、「もっと広い視野」というような言葉に置き換えてくれてもかまわない。


わたしの人生はまだ終わっていないから断言できないけれども、わたしはこれからも達観などすることなく、コンプレックスを持ち続け、劣等感は一生ついて回るのではないか。それでもいいと思っている。複雑にからみあい、もつれ、ひっかかってしまったがゆえに、どうしても気になる部分。解決したい、これさえなければよかったのにと、こだわらずにおれないこと。そういうなにかが、じつはわたしにとってとても大切なものである。その大切さを指し示す符牒《ふちょう》こそ、コンプレックスなのだ。

ところで、コンプレックスから生じる劣等感は、すぐに解消しなければならないものだろうか。わたしは違うと思う。コンプレックスは寝かせておけばよい。熟成させるのだ、コンプレックスを。プチ整形もいいかもしれないが、そんなに急いで形を整える必要はない。あなたの内なる劣等感、この不愉快なるものを、大切に、おおいに可愛がってやるのだ。育てるのだ、コンプレックスを。

コンプレックスから生まれてくる、あなたの尊さがある。コンプレックスを通してしか気づくことのできないあなただけの秘密、あなたの存在がそこから湧きあがるところの深遠がある。深遠に急いで蓋をしてしまうのはもったいない。ましてや深遠を「克服」したり「手放し」たりしてしまうのは、もっともったいない。

他人と比べて嫉妬に苛まれるとき

「なぜ、あの人はわたしより恵まれているのか」

日がたって、カインは土地の実りを供え物として主のもとに持って来た。アベルもまた、羊の初子、その中でも肥えた羊を持って来た。主はアベルとその供え物に目を留められたが、カインとその供え物には目を留められなかった。カインは激しく怒って顔を伏せた。主はカインに向かって言われた。「どうして怒るのか。どうして顔を伏せるのか。もしあなたが正しいことをしているのなら、顔を上げられるはずではないか。正しいことをしていないのなら、罪が戸口で待ち伏せている。罪はあなたを求めるが、あなたはそれを治めなければならない。」

カインが弟アベルに声をかけ、二人が野にいたとき、カインは弟アベルを襲って殺した。

創世記４章３－８節

カインとアベルは兄弟で、弟アベルは羊飼いとなり、兄カインは農耕を営む者となった。二人はそれぞれ、自分たちが育んだものを神に供える。弟が持参した上等な羊に、神は目を留めた。

けれども、兄が持参した農作物に神は目を留めなかった。なぜ神は、弟の供え物だけを選んだのか。なぜ兄に対しては無視するかのごとく振る舞ったのか。その理由は一切語られない。それどころか、その真意は分からないが結果として、神はカインの怒りを煽っている。理由など分かっているくせに、カインに「どうして怒るのか」と語りかけるのだから。これではまるで、神はカインに対してわざととぼけて見せ、挑発しているように見えるではないか。

カインの怒りは、そんな気まぐれとしか思えない神への怒りであると同時に、選ばれた弟アベルへの激しい嫉妬でもあった。というのも、もし神にだけ怒っているのであれば、弟を殺す理由がないからである。自分をさしおいて神に選ばれた弟への妬みは、弟に対するはげしい憎しみとなった。これが聖書における人類最初の殺人である。殺人事件はその原初から生々しい。

ときにわたしたちは他人を妬む、殺意さえ抱くほどに。
カインとアベルとは兄弟であるが、それでも兄は弟を妬む。いや、兄弟だからこそ妬むのかもしれない。そもそもなんの興味もない赤の他人のことを、わたしたちは妬むだろうか。自分にとって身近に感じられ、しかし自分より秀でて見える人を、わたしは妬む。あなたもそうかもしれない。わたしより秀でて見えるその部分が、その人による努力の成果だと納得できるなら諦めもつく。だがそれが、わたしの持ちあわせていない生まれつきの才能や、環境などによるものとしか思えないとき。さらには、その人が自分と比べて秀でているという差すら感じられず、なぜその人だけが評価されるのか、まったく分からないとき――わたしだってあの人と同じくらい、いや、あの人以上に頑張ってきたよ？　あの人とわたしと、なにが違うの？　なぜ、あの人のほうが結果を出せるの？　なぜ、わたしはあの人と同じくらい、いや、もっと努力したのに、報われないの……。

カインが選ばれなかった理由について神が沈黙するように、わたしとあの人とのわずかな差にも答えがない。神は（カインの目から見ればだが）理由もなしに、カインではなくアベルの供え物に目を留めた。

「なんでわたしではないのか」

自分が選ばれず、しかもその理由が分からないことで、カインに初めて「あいつではなく、わたしのはずだ」という闇が生じる。

神は語る。「もしあなたが正しいことをしているのなら、顔を上げられるはずではないか」。一緒に頑張ってきたわたしはスルーされ、あの人だけが評価された。差がついた理由は分からない。それでもわたしは泰然自若としていられるか。とても難しいことだ。だが神が問うているのは、おそらくずばりそのことである。

わたしたちはときに、努力したにもかかわらず成果が出せなかったり、きちんとやりとげたのに評価を得られなかったりする。よりにもよってそんなときに限り、自分と同じ程度か、自分より劣っていると内心思っていた誰かが、結果や評価を獲得したりするものだ。そこでふつふつと嫉妬の怒りが燃えあがる。

だがそもそも、なぜ自分ではなく他の誰かが評価されたのか、その理由がいつでも説明できると思っていること自体、間違いなのかもしれない。神はこうも言う。「（お前が）正しいことをしていないのなら、罪が戸口で待ち伏せている。罪はあなたを求めるが、あなたはそれを治めなければならない」。わたしはあの人よりずっと頑張ってきたはずなのに……そう思ったときの「あの人」へのわたしの評価は、ほんとうに正しいのか。わたしは「あの人」を公正に見ているのか。「自分はつねにあの人よりも頑張っている」というバイアスが、そこにはないか。わたしの知らないところで「あの人」もまた、わたし以上に努力を積み重ねてはいないか。そもそも「努力」とはなにか。「成果」とは今この結果だけのことか。

否、そんな理由探しの堂々巡りさえ不毛だ。どんなにあれこれ問うてみたところで、けっきょくあの人がわたしより上だったのか下だったのかなんて、永久に分かりはしない。決して分かりはしないことにこだわり、無駄な詮索をしようとするとき、「あの人」への妬み、さらには憎しみが生じてくるのである。

神はカインに対して、罪が戸口で待ち伏せているぞ、罪がお前を求めてくるぞと脅すだけではない。神は「あなたはそれを治めなければならない」と言う。では、罪を治める方法はなにか。それは、妬む相手についての詮索をやめることである。

なぜ、あの人はわたしより恵まれているのだろう。なぜ、あの人はわたしより優れているのだろう。そんなことは、神がなぜアベルを選んだのかカインには一切分からないように、わたしにも隠されていることである。隠されており、決して答えが出ない理不尽を、あれこれ詮索することほど苦しいものはない。カインはそれで追いつめられて、アベルを殺してしまったのだ。他人を妬むことの恐ろしい闇を、この物語を伝えた古代の人たちも身に染みて分かっていた。

妬むことは恥ずべきことではない

しかし、それでも、である。わたしたちは身近な誰かを、つい妬んでしまうのだ。よほど達観でもしない限り、わたしもあなたも、容易に誰かを妬む。この、どうやっても他人を妬んでしまうことについて、聖書は救済措置をとっているように思われる。弟アベルを殺してしまった兄カインは、自分の犯した罪の重さに今や圧し潰されている。神話的にありそうな展開を考えるなら、ここでカインに天罰がくだることが予想されるだろう。ところが聖書にはこう記されているのだ。

カインは主に言った。「私の過ちは大きく、背負いきれません。あなたは今日、私をこの土地から追放されたので、私はあなたの前から身を隠します。私は地上をさまよい、さすらう者となり、私を見つける者は誰であれ、私を殺すでしょう。」主は彼に言われた。「いや、カインを殺す者は誰であれ、七倍の復讐を受けるであろう。」主は、カインを見つける者が誰であれ、彼を打ち殺すことのないように、カインにしるしを付けられた。カインは主の前を去り、エデンの東、ノドの地に住んだ。

創世記４章13－16節

弟を殺した兄は深い罪責感のなかで、当然今度は自分が神に殺される番だと思っている。そんな兄に対して、神は護りのしるしをつけたのだった。カインは神によって護られ、エデンの東に住むことができるようになったのである。弟を妬み、殺しまでしてしまったカインに、神はやり直す機会を与えた。カインは神に赦され、生き直しながら、繰り返し自問したことだろう。

なぜ、わたしはアベルを殺してしまったのか。なぜ、わたしはアベルを妬んだのか。カインはもはや「なぜ、神はわたしではなくアベルを選んだのか」とは決して問わなかったであろう。その後の長い人生のなかで、自分ではなく他の誰かが選ばれることなど、いくらでも経験したはずだから。むしろ彼はそういう機会が人生に訪れるたび、弟を殺してしまったことを想いだしては後悔したであろう。

どうしても自分を他人と比べることがやめられない人。一方で、肩肘張って「わたしは他人の目なんか一切気にしません。人は人、自分は自分ですから」と言い張る人。後者もそこまで言うからには、やはりそう言わなければならない程度には、他人の目や生き方が気になって仕方ないのかもしれない。かく言うわたし自身も、隣の芝生はゴールデン。ただ青いどころではない。黄金色に輝いて見えることしばしばである。まあよいではないか。わたしには、神が「他人との比較をやめろ」と無理難題を押しつけてくるようには、どうも思えないのだ。

カインはアベルを妬んで、殺しまでしてしまった。もしも妬むことが赦されざる大罪なら、妬むどころか殺人まで犯したカインの命はない。彼は天罰として、この上なく残酷な死を遂げたことだろう。だが、そうはならなかった。人類史上最初の殺人者カインに対して、神は生き直す道を備えたのである。

他人を羨み、妬む。その行為はつねに恥ずべきこととして語られ、「人は人、自分は自分」の境地こそ美徳とされてきた。たしかに、嫉妬に煩悶することはお世辞にも格好いいとは言えないし、その苦しみにおいて「幸福ですか？」と問われて「ええ、幸せです」とは即答できないかもしれない。

いずれにしても、わたしたちは他人を妬み、意識的にであれ無意識的にであれ、その羨ましい他人を拒否どころか模倣さえする。なぜあの人のほうがわたしより結果を出せたのか。一切分からない。一切分からないからこそ悔しいし妬ましい。だが、そんなあなたにカインが語りかけるのだ。「おつかれさま。おれもそうだったんだよ」。カインとともに蹠《もが》きながら、エデンの東を開拓してみるのも悪くはないかもしれない。

他人を羨み、悔しくて仕方がないとき

人間は他人のことを強く意識する存在

他人を妬んでしまうことについて語ってきた。ひとごとではない。わたしもまた、他人の芝生はゴールデン。青いどころではない。いつも他人を羨み、妬み、そして憎み、他人との比較に苦しんできた。

とはいえ、他人を妬むことはたしかに苦しいことなのだが、それはネガティヴな意味しか持たず、ひたすら恥ずかしいことなのかといえば、そうではないことは先ほど語ったとおりである。妬む行為それ自体よりもむしろ、自分が他人を妬んでいることを認められなかったり、妬んでいることが分かっていても隠そうとしたりする。それでつらくなるのだ。

ツイッターで「わたしは人のことを妬んでしまいます」と呟くと、必ずご丁寧なリプライや引用リツイートが返ってくる。

「そうですか？　わたしは今まで他人を羨ましいと思ったことは一度もないですが」

そうやって反応してくる人たちの真意は分からない。相手がどんな人なのかも知らない。その人が言うとおり、ほんとうに他人のことなど気にしたことのない、それこそわたしから見て達観した、見事な人格者なのかもしれない。

ただ、意地悪なわたしは邪推する。すなわち、そうやって返してくる人の少なくとも一部は、「他人を羨ましいと思う」とわたしが言及するのを見るだけでも、まるで自分のことを言われたようにゾワゾワするので、それを懸命に否定しようと「わたしは羨んでなどいないっ」と反応するのではないかと。

そもそも、ほんとうに他人を妬んだことがないのなら、なぜ、わたしのひとり言に対して、わざわざ「いいや、わたしは他人を妬まない」と反応しなければならないのか。なぜ他人であるわたしのことなど気にしないで、黙ってやり過ごせないのか。

そうやってわざわざ「わたしは他人を羨んだり妬んだり、気にしたりすることなんかまったくない」と言ってくる人は、他人であるわたしに向かって発言せずにはおれないことによって、自分が他人のことを強く意識しているという事実を告白している。他人と自分とを比較することはみっともなく、恥ずかしいことだと思い、だから自分もそうしてしまうという事実を認めることができない。それゆえ「自分はそんなことはしない」と断言せずにはおれない。けれども、そうやって発言してしまうことで、実際には「わたしもそうなんです」と言っているのと同じことになる。

わたしはこれまでさまざまなコンプレックスを抱えてきたし、今でもそうである。他人のことを羨ましいと思ったり、妬んだりもする。達観からは程遠い。

ただ、何度も言うように、そうやって他人を意識してきてよかったと思うこともあるのだ。その恩恵について、少しだけ語らせてほしい。

「他人から一歩抜きんでたい」という自尊心

わたしには中学時代から付き合いのある、大切な友だちがいる。彼と友だちになったばかりの頃、わたしは音楽に興味がなかった。いや、あったのだが、どうやって音楽を探したらいいのか見当もつかなかった。せいぜい、自分が見ているアニメの主題歌が入っているレコードを買うくらいだった。

その友人はロックに詳しく、やがて「これを聴いてみろよ」と教えてくれるようになった。

勧められるまま聴いてはみたが、はっきりいってやかましいだけで、なにがいいのかさっぱり分からない。けれども「わたしには理解できない大人っぽい音楽を、彼は楽しめるのか」という妬みが生じた。

彼に負けたくない。彼以上に、ロックに詳しくなりたい。そういうわけで、わたしは音楽雑誌を買って最新の話題を集めたり、小遣いを工面してレコードを買ったりしては、彼と張りあうようになった。不思議なものである。彼と競いあうために聴いていたのに、いつの間にかほんとうにロックを聴くことが楽しくなった。下手の横好きでギターを練習するほどになったのである（こちらは長続きしなかったのだが）。

友だち付き合いを深めるうちに、彼が教会に通っているクリスチャンだということが分かった。またしてもわたしは彼を羨んだ。信仰という一本筋の通ったアイデンティティを、10代にしてすでに持っている。そのことがわたしには格好よく思えたのだ。自分にそういうものがないことが幼く感じられ、恥ずかしかった。

しかもキリスト教は、日本ではあまり信じられていない宗教ではないか。彼の信仰は、わたしの「他人から一歩抜きんでたい」という自尊心をくすぐるには十分だった。当時のわたしはといえば、毎日が楽しければそれでいいという感じだった。さまざまな不安やコンプレックスを抱えてはいたものの、それを言葉にし、自尊心を埋めあわせるほどの力は持っていなかった。

キリスト教――わたしにはない精神の深みを彼は持っている。彼が羨ましい。彼のようにキリスト教徒という少数派になれれば、わたしも「一歩抜きんでた」気分を味わえるかもしれない。

わたしも教会に通うようになり、洗礼を急いだ。信仰と呼べるようなものがあったかどうかは、正直分からない。

他人を羨みつつ、他人の真似をすればいい

わたしは高校3年生のとき、今でいうひきこもりになり、けっきょく学校を中退することになった。まだ不登校という言葉も、ひきこもりという現象も一般的ではなかった時代である。相談すべき相手も分からず、わたしは学歴コンプレックスに圧し潰されそうであった。かつての学友たちは大学に進学し、卒業後は大きな企業に就職した。

彼らが恋愛経験をし、結婚も視野に入れ始めていた頃、わたしはようやく関西学院大学の神学部へと転がり込んだのである。今度こそひと花咲かせてやる。なにかを成し遂げてやるぞ。同窓生たちに負けてたまるか、おれだって――嫉妬に狂い、わたしは猛勉強を始めた。神学書を読むといっても、それまで漫画しか読んだことがない。とにかく活字嫌いだったの

で、なにから手をつけたらいいのかさっぱり分からない。

それでもプライドだけは高かったので、古書店のキリスト教コーナーでとにかく厚い本を見つけては買い、意味がまったく分からないまま最後まで通読した。内容は理解できなくても、読み進めれば次第に読み終えたページが厚みをましてゆく。

やがて未読のページのほうが薄くなってくると「おおっ読んでる」という達成感があふれた。なにを読んでいるのか、なにを学んだのかよりも、とにかく「難しい本を読破できるわたし」への悦びに満たされた。そうやって何冊も読んでいくうちに、あれほど活字嫌いだったわたしが、本を読むことが苦にならないどころか、楽しくさえなっていた。


他人に対する劣等感や嫉妬など、他人との比較によって生じる苦しみは、たしかに断ち難いものである。少なくともわたしはそうだ。とはいえ、わたし自身の半生を振り返ってみれば、つねに他人に触発され、他人を羨み、その他人を真似しようとしてきたことで、だんだん真似が真似ではなくなっていった、そんなことの繰り返しだったようにも思える。

今、わたしは自分なりのキリスト教理解や信仰をしていると思う。かつてのような、友だちの信仰のコピーではない。だが、友だちの信仰を格好いいと思い、コピーしようとしていなかったら、今のキリスト教理解も信仰の歩みもない。もしもわたしが「人は人。わたしはわたし」で他人のやっていることに無関心であったなら、未知の領域への挑戦もありえなかった。

今でも一息つくとき、わたしはレコードを聴く。レコード盤に針を置いてから音楽が鳴り始めるまでの沈黙に、深呼吸するような安らぎを覚える。けれどもあのとき、友だちが音楽を嗜む姿に憧れ、自分も真似したいと思っていなければ、わたしのこの安らぎも存在しなかった。不思議なもので、レコードを手に取ると、それをどこで買ったのか、その頃自分はなにを考えていたのか、鮮明に想いだす。一枚一枚のレコードが外部記憶装置になっている。彼の趣味や知識の幅広さを妬んでいなければ、これら外部記憶装置との出遭いも、したがってそこにまとわりつくあれやこれやの想い出も、存在しなかったのだ。そんなことを考え始めると、妬むのも悪いことばかりではないと思えてくる。

わたしはあなたのことが妬ましいと、口に出して言ったりするだろうか。秘かに競いあっている相手に、そんなことを言うのは恥ずかしい。それに、わざわざ言う必要もないことだ。だが、誰かのことを羨ましいとか妬ましいとか思うことと、誰かのやり方を真似して自分も挑戦してみたいと思うこととは、同じだとは言い切れないにせよ、かけ離れた行為でもないとは思う。

他人からの視線も気にならず、他人への関心も一切なく生きていけるなら、それはとても安らぎに満ちた人生であろう。誰からも心をかき乱されることなく、マイペースで、自分の好きなことだけやって生きていけるのかもしれない。けれども、他人のことが気にならないのであれば、自分の知らなかったことを他人が知っていたり、自分が興味のなかったことを他人が楽しそうにやっていたりしたとき、自分も知りたいとかやってみたいと思う、あの始まりを経験することもないであろう。

自分は未熟だ。なんにも知らない。でも、あの人は成熟し、いろんなことを知っている。そう感じるのは悔しいものだ。わたしだっていまだに悔しい。でも、恥ずかしいとは、わたしは思わない。悔しいと思ったときは、その人のやることをよく見て、わたしも真似しようと思う。できればバレないよう、こっそりとね。

第4章

人間関係を結び直すために

人間関係に疲れきってしまったとき

気分転換ならぬ「視線転換」のすすめ

礼拝堂に来訪した人とのんびり語りあうなかで、悩みごとなど、お話に耳を傾ける。

悩みごとの「解決」そのものについては、臨床心理士だったり精神科医だったり、福祉関係だったり、そういう人や機関がすでに関わっている場合が多い。だから、こうやって誰かの話に耳を傾けると、思う。一介の牧師にすぎないわたしは、精神や心理、その他の問題の素人なのだから、よけいなことは言わないほうがいいと。このときも相手のお話を聴かせてもらいながら、つくづくそう感じていた。それなら、わたしのような何ごとにも素人の者が、悩んでいる人にできることはなにか。

悩んでいる人というのは、悩める自己へと集中している。この悩みを、いったいどうやって解決したらいいのか。解決できないと分かっている悩みであるなら、その「解決できない」という事実をどうやって受け容れ、引き受けたらいいのか。

悩んでいる人はそういうことを考え続けている。考えが堂々巡りしている。気持ちを切り替えようとしても、頭の片隅に考えがこびりついて離れない。そう、だから悩める自己へと「集中している」という表現は不正確である。自己へと集中というよりはむしろ、自己の集中すべき対象がつかめない。身の置き所が分からず、気が散ってつらいのだ。据わりの悪い不安定な自己は、なにをやっても集中できず気も晴れず、喜びを感じないのである。

そういう自己を抱えた人が教会にやってきて、わたしと話す。わたしは宗教者として「自分を見つめなさい。自分から逃げてはならない」みたいなことを言えばよいのか。とんでもない。よけいなお世話である。本人はすでに長いあいだ自分を見つめてきたのだ、もう十分すぎるほどに。それならむしろ、自分から視線を外して一呼吸置き、周りを見渡すきっかけを、気分転換ならぬ視線転換を、わたしは来訪者に促したい。

誰かと同じ風景を見つめる

たとえば宗教や哲学を探求する人は、「真実の自己」を至上の目標とする傾向があるかもしれない。真実とか自己とかいうようなものの定義が人それぞれ異なるにしても、である。そこには生真面目さがある。その場限りの気晴らしでごまかさない、真実の自己。宗教の文脈でいうなら、神仏の前で目覚めた自己。そういう凝縮された自分自身を、気晴らしでごまかされた自己よりも上位に置く。それはそれで貴いことだし、それがあってこその宗教だったり哲学だったりもする。

その一方で、探求しすぎて肩が凝り、自身を見つめ続けることに疲れた自己を、自己の外に広がる世界へと拡散させること。それもまた、とても大切なことだと思う。

ひたすら自己の内部へと向かうベクトルを、他人との雑談という、外部へと向かうベクトルに方向転換する。安全な他人（たち）へと拡散している自己は、脱力しくつろいだ自己である。

聖書に、イエスのこんな言葉がある。

「すべて重荷を負って苦労している者は、私のもとに来なさい。あなたがたを休ませてあげよう。私は柔和で心のへりくだった者だから、私の軛《くびき》を負い、私に学びなさい。そうすれば、あなたがたの魂に安らぎが得られる。私の軛は負いやすく、私の荷は軽いからである。」

マタイによる福音書 11章28－30節

軛（くびき、すなわち家畜の首につける木）というのは、家畜を何頭か並べてつなぐため、その首にはめる木枠のことである。二、三頭の家畜で農具や荷台を牽引し、畑を耕したり重い荷物を運んだりする。ところで牛であれ驢馬《ろば》であれ、家畜をつなげるのに、頭を突き合わせてはつながない。そんなことをしたら前に進まない。家畜をつなぐ際には、みな同じ向きにつなぐ。

この軛で表される状態を人間に置き換えると、家畜のようにつながれ、重労働を課せられることの比喩となる。当時、イエスの話を聴いている人々には奴隷もいただろうし、そうでなくとも重税や重労働にあえいでいる人々が多くいた。その厳しい現実と向きあいつつ、イエスは「私の軛は負いやすく、私の荷は軽い」と、慰めるように語りかける。

こんにち、教会に訪れる人にもまた、劣悪な労働条件に苦しめられている人、他人から奴隷のようにハラスメントを受け続けている人がいる。イエスの言葉はそうした一人ひとりの、乾き、ささくれだった心に沁みわたる。

ところで、イエスのもとへ、彼と軛でつながるために来るという状況を想像してみる。どんなふうに、彼の軛は負いやすいのか。軛という、重い道具でイエスと連鎖されてしまう状態のどこに、やさしさがあるのか。最初に説明したように、軛とは家畜どおしをつなぎ、荷台や農具を牽引するための道具である。つながれた家畜はみな同じ方向を向いている。これを人間に置き換えてイメージするなら、お互いが真っ向から視線をぶつけあうのではなく、二人並んで、同じ方向を見る感じになるだろう。

疲れきった人に対して、どうやらイエスは「おれの目を見ろっ」と檄を飛ばしているのではないようだ。イエスは困憊した人の顔ばかり凝視するのではない。その人がなにを見、なにに疲れているのか、その人が目をやる先に広がるものを、その人と一緒に見つめようとしているのである。

他人だけれども他人すぎない誰かと立ち止まる

「会話をするときは相手の目を見て話すのが大切」ということは、子どもの頃から多くの人が教わることである。今はどうか分からないが、学校の先生は生徒と話す際に、俯く子どもに対しては「ちゃんと先生の目を見なさいっ」と叱ったものだった。

ビジネスパーソンともなれば、商談をしようというのに相手から目をそらしているなら、もはや商談以前の問題だろう。相手の目を見て話せることが信頼や社会性の目安なのだ。しかし相手の目を見るということは、自分の意志を相手に伝えると同時に、相手の目からメッセージを受け取ることでもある。相手の「目ぢから」が強い場合、そのまなざしを直視し続けることはとてもストレスフルで、疲労を伴う。

悩みを抱えて教会にやってくる人には、人間関係に疲れきっている人も多い。そういう人の顔あるいは目を、初対面のわたしがまじまじと覗き込むように見つめると、それだけで圧迫感を与えてしまうことがある。その人がせっかくなにかを話そうと決意して教会にやってきても、わたしの「目ぢから」に圧されて、なにも話せなくなることもありうるのだ。

この人はとても疲れている——そう感じたとき、わたしは相手の顔を見ない。相手に背を向け、茶菓を用意してあるテーブルのほうへと向かいながら「飲み物いれますね。コーヒーかお茶か、どうなさいます?」それだけ言って、あとは黙って温かい飲み物を器に注ぐ。そのあいだに相手は気持ちが落ち着いてきて、なにを話すか考えをまとめるのである。

自分の内にあるものを直視する。たしかに、そういう態度が必要とされる瞬間がある。しかし、それはさしあたり今すぐではない。

あなたは疲れて教会にやってきた。だから今は誰の顔色もうかがわなくてよい。営業をかけにきたわけではないのだから、誰とも苦労してアイコンタクトする必要もない。うまく話せないなら、あるいは話すことが思いつかないなら、あなたはただ黙って教会のベンチに座り、ぼんやり正面の十字架を見つめていればいい。

わたしもあなたのそばに座って、やはりあなたと同じように、ぼんやりコーヒーを啜るのだ。そういう曖昧な時間の流れのなかで、どちらからともなく、最初の一言が発せられる。

「いやあ、たいへんですね」

ぐるぐる巡る自分自身から、たまには目をそらしたい。悩みと真正面から向きあうことだけが、おのれを内観する方法のすべてではない。職場でも家でも、友だちの集まりでもないところで、他人だけれども他人すぎない誰かと、ほんの少し、のんびり立ち止まる。そういう時間は大切だと思う。

ため息一つを共有してもらえたなら……

ツイッター依存症だったわたし

拙著『牧師、閉鎖病棟に入る。』のなかで、かつてツイッターに強く依存していたことを書いた。

当時のわたしは引っ越してきた土地に馴染むことができず、いつも「園長先生」と呼ばれるなか、名前を呼びあって気安く話せる友だちもいなかった。しかしツイッターであれば(わたしは実名アカウントを作っていたのだが)牧師でも園長でもなく「沼田さん」と呼んでくれる人たちと交流を持つことができた。

ツイッターだけに安らぎがあった。もともと実名でアカウントを作った理由は、教会を知ってもらう、つまり伝道をするためであった。ようするに仕事用のアカウントだったわけだが、そこが唯一の安らぎの場になってしまうというのが、なんとも皮肉なことであった。

ツイッターを使うようになるまで、顔も名も知らぬ何百人もの言葉の流れを浴び続け、気に入った言葉には返信するという、そういう経験をしたことがなかった。それまでにもミクシーというSNSは使ったことがあった。けれども親しく会話する相手は、みんな顔を知っている人たちだった。そのなかでも率直に語りあえる相手といえば、ほんの数人だったと思う。わたしにとっては、あくまで久しぶりに会うまでのあいだの、文通の延長のようなものだった。ツイッターのように、まったく面識のないアカウントと、ときには毎日のようにやりとりするようなことはありえなかった。

でも、気の置けない数人の顔見知りと、たまにやりとりするくらいが、わたし本来の許容量だったのだ。

ところがツイッターにおいては、相手の生い立ちも性格も、本名も顔も、ほとんどなにも分からない。画面に流れてくる言葉を発した人々。それぞれがどんな人なのかまったく分からないなか、わたしもまた、さしたる緊張感もなく言葉を発する。

その緊張感なき一言がときに相手を傷つけ、怒らせてしまうと気づくまで、ずいぶんな時間を要した。一方でまた、わたしの実名は知っているかもしれないが、わたしの来歴や性格など知るすべもない。相手がわたしに特定して言ったのではない場合でも、わたしは自分への当てつけだと思い込み、激怒することがあった。

それは第三者から見れば馬鹿げており、滑稽で、病的とさえ映るだろう。ツイッターにしか依存先がなくなったとき、ツイッターはわたしにとって逃避世界でもなんでもなく、現実そのものになった。だからそこで怒りを感じてしまうと、食事をしているときにも、トイレや風呂に入っているときにも、怒りを引きずってしまった。いつの間にかツイッターは安らぎの場ではなく、緊張感あふれる勝負の場となっていた。

「つながる」とはどういうこと？

ツイッターで「つながる」というとき、その「つながり」とはなんなのか。わたしには今、ツイッターを通して知りあった、かけがえのない友人や知人が何人かいる。

たしかにきっかけはツイッターである。しかし、そのあとで機会を見つけて、わたしは実際にその人たちと会うことができた。一度でも会うことができた人の印象は、ツイッターだけで交流していたときとはまったく異なる。

あるとき知人のひとりと、ツイッターで真っ向から意見が衝突したことがある。しかしその人とわたしは食事をしたことがあった。たった一回だけである。そのときの相手の感じよさ、わたしを歓待する心遣い。これらを想いだすにつけ、ああ、この人は口先だけでこんなこと言ってるんじゃないよなと、しみじみと思わされるわけである。だからわたしはその人と意見が衝突してもブロックしない。しないというより、できないのだ。またそのうち会いたいな。会って話したいな。そう思えるからである。

もしも一度も会ったことのない、ツイッター上だけでやりとりしている相手なら、わたしはその人との関係を切ってしまうだろうと思う。


ツイッターを通して分断が深まったという言説をしばしば見かける。当然のことだろうと思う。

一生会うこともない人間を相手に、必死で関係を修復しようとする理由を見いだすことは難しい。人生のなかでなんら具体的な接点を持たない、どこの誰かも分からない人から不快に——意見の中身は重要ではない。快か不快かの問題である——させられたとき、わざわざこちらから譲歩しようとか、再考してみようとか思うだろうか。怒りを持って反論するか、あまりにも不快なのでブロックするか。そうなるのは自然なことである。

相手との関係を維持するためには、自分の意見を一時的にせよ保留したり、ときにはやむを得ず撤回したり、妥協したりしなければならないこともある。それは言論の自由という概念とは別の、肉体を持った人間どうしの問題なのである。

人付き合いにおいて、ときに緊張や怒りをはらみつつ対峙する相互の肉体。それでも壊したくない関係。そのような関係性は、やはり会ったことのある人や、ぜひ会って話がしたいと思う人としか紡ぐことはできないのではないか。

言葉より雄弁なこと

私見では、孤立している人がツイッターなどのSNSで誰かと「つながった」としても、SNSの「つながり」だけでは、孤立は孤立のままである。あなたが苦しみを語り、あなたの信頼する目の前の人が「うん、そうだよね」と頷いたとき、あなたの孤立は溶け始める。あなたに頷く相手の顔が、「うん、そうだよね」という声の響きが、あなたの痛みに寄り添う。

痛みを抱えたわたしが、誰かに話す。話に響きあうように相手も「そうだよね。つらいよね」と。それは声や身振りなど、言葉以外のものを伴っていなければならない。そして、顔。どんなに若い人であっても、その人の生きてきた生活の積み重ね、癖、すなわちその人の個人史が、顔には刻み込まれている。

自分の過去を言葉で吐露することだけが、自分をさらすことではない。相手に対して顔を見せるという行為がすでに、自分の来歴を相手にさらすことである。しかもそちらのほうが言葉より雄弁なこともある。顔には表情、それも喜怒哀楽という四文字ではとうてい収めきれない、動きの連続があるからだ。

一生会うことのない人とツイッターで言い争うとき。孤立した肉体には怒りが噴きたまる。割りきれる人もいるだろう。だが、割り切れる人の多くは、すでに孤立していない人ではないだろうか。そういう人は、自分以外の誰かとの、顔を見せあうつながりをすでに持っている。

人数の問題ではない。何百人もの顔も知らない誰かではなく、たとえ本名さえ知らないとしても、それでもじっさいに顔をあわせて語りあうことのできる、たったひとりの誰かがいるかどうかが問題なのだ。

ツイッターで「論破した」と見事な理屈で言い張るよりも、どうでもよいことを、いや、ときにはため息一つだけを共有できる、そんな誰かがいるかどうかのほうが大切なのである。

教会に初めて来る人と、つねに濃密で深刻な話をするわけではない。ときには何時間も「つまらない」話をして終わることもある。だから、もしもその話題をツイッターに呟いたとしても、それはとても「つまらない」話題である。

しかし、その人が来たときの表情と、帰るときのそれとはぜんぜん違う。教会に重い荷物を置いていったように軽々としている。わたしはその人の顔から、その人の語りえぬ人生の積み重ねを読み取る。相手もたぶん、やはりわたしの顔から、自分の話を受け止めようとする他者の存在を読み取った。話題がそれ自体として雄弁であるかどうかは、もはや関係がない。

人と人とのつながりからいかに自由になれるか——しがらみからの脱出——が重要だった時代もあった。そして今、多くの人がしがらみからの自由を、あるていど達成できている。けれどもそれと引き換えに、孤立する人が増えてしまった。

しがらみのない、さっぱりとした人間関係は、自分から維持しようと思わない限り、さっぱりと消えてゆく。ツイッターで意見が衝突してもなんとか維持しようと、わたしがしがらんでいる相手は、一度でも会ったことがあり、この人にはなにか魅力があると思った人である。

しがらむためには、ときには自分の意見を控えたり、言いたいことを我慢したりする必要もある。衝突を恐れず言いたい放題主張するのとは違う、じつに面倒くさい姿勢が要求される。けれども、しがらんでみるだけの値打ちも十分あるのではないか。それが、教会というしがらみに囚われながら、そこに捨てがたい魅力を感じてもいる、わたしからのささやかな提言である。

SNS時代は「別れる」ことが容易でない

待ちあわせで会えなかったことも……

30年以上の昔、友人と駅で待ちあわせたときのことだ。駅舎の長さは150メートルくらいだったと思う。上下線それぞれのホームがあるだけの、小さな駅である。だが小さいながらも、その両端にはそれぞれ東口と西口という二つの出入り口があった。どうせ小さい駅だし、友人ともすぐに会えるだろうと油断したわたしは、彼に出入り口の指定をしなかった。げんに、今までもそれで会えていたからだ。

ところがその日は違った。待てど暮らせど友人は来ない。わたしは携帯電話というものを持っていなかった。友人は当時すでに持っていたが、公衆電話から彼の携帯にかけると、テレホンカードの残額がみるみる減るのでもったいない。すぐに会えるだろうと高を括っていたので、わたしは公衆電話からは連絡せず、彼を探して東口と西口とを往復し続けた。

待つこと1時間以上。友人に会うことを断念したわたしは帰宅した。家の黒電話から彼の携帯に電話してみると、あのとき彼も駅に来ていたというのに。わたしをさんざん探したあげく、ちょうどわたしが彼を探すのを諦めた頃、彼もまた諦め、電車に乗って帰ったのだという。

残念とか腹立たしいというより、あんまり可笑しくて大笑いした。彼も電話の向こうで爆笑している。ようするにわたしたちは、一方が西口から東口へと探しに行くときには、他方が駅をはさんだ反対側の道を東口から西口へというぐあいに、たった１５０メートルほどの駅の周りを、ぐるぐる追いかけ回っていたのだ。

その頃の駅には伝言板があった。黒板にチョークで書き込む。伝言は1日経ったら駅員が消す。伝言板はその小さな駅にもあった。そのときは利用しなかったが、たった一言「西口で待つ」とでも書いておけば、彼が黒板を見て気づき、無事に会えたのかもしれない。

のちに大阪の大きな百貨店内で待ちあわせをしたときには、すでにわたしも携帯電話を持っていた。大雑把な場所の指定だけですぐに合流できたのだが、そのときにも、あの小さな駅で延々とすれ違った体験を語りあったものだ。

「今ではこんなにややこしい場所でもすぐ会えるのになあ」

いつも居場所が分かるというつらさ

携帯電話は今や、通話やメールよりもSNSを主な目的とした、スマートフォンとなった。電話よりもSNSを使っている時間のほうがはるかに長い。わたしたちはいつでも、どこにいても、家族や友人、恋人などと気軽に連絡をとれるようになった。出先で仕事の連絡をする際にも、公衆電話を探す必要もなくなった。そもそも公衆電話のほうを、今はほとんど見かけなくなったが。

ところがこれがどうも、よいことばかりでもないらしいのだ。知人に中学生の子どもがいる。友だちどうし、お互いどこにいるのか分かるアプリがあるらしい。そこに行けば友だちに会えるから、いちいち「今どこ?」と電話をかけなくてもいいわけだ。

ところが、である。いくら友だちであっても、会いたくないこともある。わたしの時代なら「今日は用事があるから」と部活をサボることもあった。仮病も定番。でも、今はそうはいかない。位置アプリに登録してしまったら、用事で出かけているはずが家にいること、病気のはずが遊びに行っていることが、相手につつぬけなのである。

さらに残酷なことには、「今日はみんな自分の家で勉強だよ」と言われたのに、馬鹿正直に家にいるのは自分だけで、ほかのメンバーは一か所に集まっていることがスマートフォンの画面で分かってしまうこともあるのだ。自分だけ呼ばれなかったのか。みんなたまたま「やっぱり」集まっただけなのか……アプリに登録したときには、ただ友だちと仲良くしたかっただけだろう。そこによこしまな思いはなかったはずだ。けれども今や、円滑な人間関係を保つために、子どもたちは大人並みの厳しい駆け引きを要求される。

人間関係が切れにくいSNS時代

ある失恋の相談を受けた。ほんとうにつらそうだった。けれども、つらいのは失恋という出来事そのものだけではなかったようだ。失恋したにもかかわらず、元パートナーのその後の動向が、SNSを通して目に入ってきてしまう。それがつらさに追い打ちをかけるのである。

「見なければいい」「ブロックすればいいだけのこと」と、周りの人は思うかもしれない。けれども、そんな簡単に割り切れるのだったら、愛だ恋だで苦しみはしない。

もうあの人のことは忘れよう。二度と関わりを持たないようにしよう。そう思っていてもスマートフォンの画面を開けば、その人のアカウントはそこにある。アカウントがそこにあって、それをブロックすれば、永久に関係は切れてしまう。なにしろ失恋したのだから、リアルではそうそうかんたんに会うことはできない。アカウントが最後の糸。

復縁はない。分かっている。でも……さざ波を否応なくかき立てられてしまうのが、SNSというものなのだ。

これは家電話と公衆電話しかなかった時代には、誰も想像もしなかった苦しみである。それがときにどれほど強い感情をかき立ててしまうのかは、ときおりニュースで報じられる、傷害や殺人などの事件を見ても分かるだろう。

SNSは、ごくふつうの人をストーカーにしてしまうこともある。ストーカーだって？わたしはあいつらとは違う。あいつらなんか気持ちの悪い化物だ……ほんとうにそうだろうか？　わたしはSNS全盛時代における、この「関係の切れにくさ」が、人をときに暴力にさえ駆り立ててしまうと考えている。

「別れる」ということの積極的な意味

このように話してから、パウロは皆と一緒にひざまずいて祈った。人々は皆激しく泣き、パウロの首を抱いて幾度も接吻した。自分の顔をもう二度と見ることはあるまいとパウロが言ったので、なおさら心を痛めたのである。それから、人々はパウロを船まで見送りに行った。

使徒言行録 20章36－38節

パウロは三回伝道旅行に行っている。その旅のあいだに多くの人々と出会った。すでに仲間になった人とは計画的に待ちあわせ、再会できることもあっただろうが、予想もつかない災難に遭い、うまく会えないことも多かったのではないだろうか。

なにしろ電話もメールもない。手紙はあるが、こんにちの郵便のような速度はないし、かなり高価だったはずだ。それに、どのていど精確に届いたのだろう。危険に満ちていたからこそ入念に準備された旅が行われたはずだが、それでも偶然から思いがけないことが起こるという要素は、現代よりもずっと大きかったに違いない。

そしてなにより、別れることの重みが現代とはぜんぜんちがう。もしもパウロも教会の人々もスマートフォンを持っており、ＳＮＳのアカウントを相互フォローしていたなら、船出するパウロを見送る人々はこんなに悲しんだであろうか。

パウロから自撮り画像付きで「コス島なう。海荒れて船酔い」とか「ロドス島なう。空きれい」とか着信するたび、彼を見送った教会員たちは微笑んだかもしれない。エルサレムでパウロが逮捕されたらされたで、「#わたしたちはパウロの不当逮捕に反対します」とネット上で連帯を呼びかけたかもしれない。

そういうことが一切できなかったのが古代である。いや、古代だけではない。わたしが若かった80年代終わりから90年代の頃でさえ、情報網は古代からはるかに発達した時代ではあったが、わたしは駅で会えなかったあの友人と、もっぱら手紙でやりとりしていた。彼の携帯電話にかけるのは高くついたからである。

それで思うことがある。もしもわたしと彼とが今、あの若さで、スマートフォンでお互いやりとりをしていたとしたら。彼は強烈な個性を放っていた。わたしはわたしで、譲れないこだわりがある。そんなわたしたちがあの当時の親密さで、気持ちのおもむくままにいつでも、どこでもSNSでやりとりを続けていたら、大喧嘩になっていたのではないか。ささいな食い違いから「なんだとこのやろう」と、会えばなんでもないことに激怒してしまい、絶交していたかもしれない。

稚拙な文面だったとはいえ、共鳴しあう思いを時間のかかる手紙でやりとりしていたから、お互いの考えを交換できたのだ。そういうなかで、たまに会える喜びもまたひとしおであった。SNSでいつでもやりとりできていたなら、わずかな相違からの気まずい対立はあったかもしれないが、駅で入れ違って大笑いの、あの喜びはなかったであろう。

その一方でSNS以前の時代には、絶交した友人や失恋した相手とは、二度と連絡が取れなくなることも少なくはなかった。それはそれで今振り返ってみると、その連絡のつかなさこそが回復の糸口でもあったのではないか。もう自分とは関わりがなくなってしまったあの人。記憶だけのあの人。だんだん記憶から薄れてゆくあの人……そうやって薄れていくことが、心が癒やされていくことだったのだ。

関係を絶ったあの人のアカウントを、見ようと思えばいつでも見ることができてしまう現代。相手との関係を通して傷ついた心の、回復や癒やしの契機は奪われている。見ようと思えばいつでも見ることができるのに、あえて「見ない」と決意することは、相手に対して執念があればあるほど難しい。

ブロックしたりされたりしてもなお、別のアカウントを作って覗き見ようかと、未練がいつまでもつきまとう。この未練を自分の意志だけで断ち切らなければならない。それはあまりにも険しい道のりである。

二度と会えなくなる。二度と連絡がとれなくなる。それが当たり前であった時代に還ることは、もうできない。けれども「別れる」ということにも積極的な意味がある、そのことをせめて再発見しようではないか。

わたしたちはもう一度「別れる」ということの意味や重さ、それの価値について、思いを馳せてもよいのではないか。ソーシャルなネットワークの広がりばかりが評価される、この時代に。

第5章
憎しみに支配されないために

怒りや憎しみを無理に手放さなくてもいい

想いだすだけで怒りが湧いてくる

あなたには赦せない人間がいるだろうか。わたしにはいる。想いだすだけで怒りが湧いてくる人間。しかし同時に、その人間を手放している感じもある。へんな表現になってしまうが、わたしはその人間を、赦せないままに赦している。

これを読んでいるあなたは、2015年に公開されたディズニー映画『シンデレラ』を観たことがあるだろうか。大雑把なストーリーはたぶん誰でも知っている、あのシンデレラの物語である。ただ、わたしは本作品に描かれている、終盤のある一場面に目を見張った。誰かを赦すという行為の本質的な部分を、見事に描き切っていると感じたのである。

シンデレラがガラスの靴の持ち主だと分かり、王子は彼女を連れていく。ふとシンデレラが振り返ると、彼女をさんざん虐待してきたトレメイン夫人（いわゆる「継母」）がひとり階段に立ち、こちらを見ている。するとシンデレラは夫人に向かって、絞り出すように言い放つのだ。

「あなたを赦します」（I forgive you.）

その一言だけ呟くと、シンデレラは少し微笑み、再び前を向き、王子と共に去っていく。

わたしはこの場面を観て、聖書の言葉を連想していた。

「誰の罪でも、あなたがたが赦せば、その罪は赦される。誰の罪でも、あなたがたが赦さなければ、赦されないまま残る。」

ヨハネによる福音書 20章23節

イエスの言葉のなかに「赦す」と「赦さない」の両方がある。「赦す」は*ἀφίημι*であり、「赦さない」は*κρατέω*である。

「赦す」*ἀφίημι*はlet〜goである。let〜goの〜の部分がhim（彼）だったりher（彼女）だったり、人間でないこと（つらい記憶など）ならitだろう。あなたは10年ほど前、let it goというフレーズが大流行したのを覚えていないだろうか。レリゴーというあれである。「ありのままに」という意味ももちろんあるだろうが、いろいろなことを手放すという意味あいがそこにはある。

『アナと雪の女王』序盤においてエルサは、これまで自分が抱えてきたものを手放す宣言をあの歌でしているのだ。そして手放す対象が物ごとではなく人であるとき、その人を手放すことが赦すことなのである。

誰かを赦さず憎み続ける理由

一方で「赦さない」κρατέωはどうか。こちらは、対象を捕まえて離さないことである。現代なら逮捕や拘禁をすることだろうか。相手に有無を言わせず、強いて捕らえる。けれども、ほんらい強い力など持たない人が、それでも強い力を振り絞り対象を離そうとしないのであれば、無理をし続けるその人はやがて疲れ果ててしまうだろう。

誰かを赦さず憎み続けることや、つらい記憶をめぐってあれこれ考え続けることは、よほど強靭な精神力がない限り、人を激しく消耗させる。

それなら相手を赦せばいいのか。つらい記憶を手放し、そんなことなどなかったように振る舞えたら、万事解決なのか。だが、ここで「怒るな、忘れてしまえ」と結論するなら、人間の現実をあまりにも軽視しすぎている。

聖書によれば、人間は神に似せて創られた存在だという。ところがその聖書のなかで、神は人間に対して何度も怒っている。これほど怒りまくる神に似せて創られた人間なのだから、怒りもまた自然な、神からの贈りものであるに違いない。だったら、赦しというのは怒りを強引に抑え込み、こめかみをピクピクさせながら、「いやぁいいんですよあのことはっ、気にしないでくださいねっ」と作り笑顔をすることではないはずだ。

　わたしはシンデレラの、怒りの持っていき方に感動したのである。そう、シンデレラは怒っている。自分を虐待したトレメイン夫人を憎み、復讐への燃え上がる想いを秘めている。だからこそ、シンデレラは自分自身を救うために、夫人に対して絞り出すように言ったのだ、「あなたを赦します」と。

　なぜ、この赦しがシンデレラ自身を救うことになるのか。それは、この赦し、すなわちトレメイン夫人を捕まえず解き放つことが、シンデレラ自身をも解放することになるからである。「あなたを赦します」と言ったあとの微笑みは、夫人に対してではない。夫人への憎しみを手放し、心も軽くなった彼女は、今や自分自身に対して微笑むことができるのだ。もはや彼女は、憎悪に焼き尽くされることは決してない。

　シンデレラがトレメイン夫人に放った赦しの一言は、「わたしはあなたにこだわらない。あなたにこだわり続け、疲れ果てることを選ばない。わたしはあなたに復讐しない。復讐して、さらに自分が傷つくことを選ばない。わたしはわたし自身のために、あなたを手放す」との宣言なのである。そう宣言することによって過去の呪縛から解放されたシンデレラは、思わず微笑んだのであった。彼女を救い、解放したのは王子ではなく、彼女自身だったのである。

一方でシンデレラによって解放された、すなわち彼女から赦され、復讐を免れたトレメイン夫人は、国を去ってゆく。夫人は二度とシンデレラの視界に入ってくることはない。それはシンデレラの人生に、もはやトレメイン夫人が二度と介入してくることはない未来を暗示している。シンデレラは今後、実生活だけでなく記憶においても、虐待の過去に支配されることはないのだ。

憎みぬいてもかまわない

ところで、寓話とは人間の真実を短くまとめたものだ。シンデレラがした赦しは、現実の人間が何年も、もしかしたら何十年もかけて行う赦し（赦しという言葉に抵抗がある読者には「受容」や「手放し」という言葉がよいかもしれない）の縮図である。

話は聖書に戻るが、イエスは弟子たちに赦しについて教えたとき、弟子たちがすぐに赦せるようになるとは思っていなかっただろう。それに、なんでもかんでもその場で笑って赦してしまうような軽薄さを、イエスは弟子たちに望んではいなかったはずだ。

「誰の罪でも、あなたがたが赦さなければ、赦されないまま残る」というイエスの言葉は、赦すことのたいへんさ、手放されることなく手元に残り続けるものの重さを物語っている。

昨今、断捨離やマインドフルネスのブームもあり、「手放す」生き方が注目されている。それら「手放す」ことの実践はたしかに一定の価値があることだとわたしも思う。ただ、「手放す」という言葉を手放しに用いるのは危険である。

先にも述べたとおり、心に深く刻み込まれた痛み、その傷痕を、人はそう簡単に手放すことなどできない。また、手放しさえすればよいとは、わたしには思えない。手放せない苦しみもまた、その人の大切な一部をなしているからである。

このように手放せないという現実を踏まえたうえで、「それにもかかわらず」を強調しつつ、わたしは手放すことも大切にしたいと思う。ただしそれは、今すぐぜんぶ手放そうというのではない。何年、何十年とかけて、気がついたら「あれ？　いつの間にか手放せているぞ？」と。そんな手放しである。

力技で手放そうとしても、それは怒りのエネルギーに逆らうことである。そんなことをすれば消耗も激しいし、いったん手放せたと思っても、怒りの逆流も起こりやすい。だったらいっそ、今は怒り、憎みぬいても、ぜんぜんかまわないではないか。

こびりついた苦しい記憶から離れられず、深い絶望や悲しみ、怒りや憎しみに燃える自分を「まあいいや、レリゴーはまだまだ先だな」と眺める。そんなもう一つの視点があれば、それで十分である。わたしやあなたがそうやっておのれ自身のことを見つめるとき、そのまなざしは神と共にある。わたしはそう思っている。神だって怒るのだ。あなたと同じだ。

肩に力を入れて、無理して赦そうとするのではなく、怒りが込みあげるたび「おっ、順調にこだわっているね」くらいの気持ちでいること。わたしはそうやって、怒りや憎しみを赦しへと発酵させている途中である。怒りが美味しく発酵する日が来るのを、わたしは楽しみにしている。

対人トラブルを起こしてしまいがちな人の共通点

「他人との距離感」が分からない

教会へ相談に来る人のなかには、次々に対人トラブルを起こしてしまう人もいる。それらのトラブルだけを見ていれば、「なにこの人。問題ばかり起こして」と思うかもしれない。けれども、その人の生い立ちを聞いていると、そうならざるを得なかった事情が垣間見えることがある。今回は、そんな話をしようと思う。

健康的に社会生活を送っている人、大過なく学校や会社で過ごせている人には、なかなか分からないことがある。「他人との距離」である。いや、他人との距離感が分からないのは対人トラブルを繰り返す人のほうだろうと、あなたは思うかもしれない。だが、そうではない。

滑らかな人間関係をすでに築くことができている人は、そもそも他人との距離感など気にしない。そういう人にあらためて「トラブルを起こさないため取らねばならない人との距離は、どれくらいですか」と尋ねたとしよう。彼ら彼女らの多くは即答できないと思う。それは「息をするとはどういうことですか」と訊かれるようなものだから。そんなことを尋ねられても多くの人は「息なんて自然にするだろう、どうやってもなにもない」と戸惑うだけだ。滑らかな人間関係を構築し維持できる人は、息をするようにそうしている。

だが、対人関係で挫折を積み重ねてきた人たちにとって、事態は異なる。彼ら彼女らにとっては、まさに息の仕方が分からないのだから。息の仕方が分からなければ、窒息してのたうち回るだろう。

人との関係がことごとくうまくいかないというのは、それくらい苦しい。だから解決方法を渇き求める。カウンセリングを受けてみたり、精神科に通ったり。できることはすべてやる。それでも、うまくいかない。対人関係が改善し始めたとか、じっさいに改善したという手ごたえがない。

ここでわたしは、「毒親」というネットスラングを連想する。考えてみれば人間にとって、この世に生まれてきて出遭う最初の他者は親であろう。ツイッターには耳慣れない言葉が次々に流れてくるが、「毒親」という言葉もその一つである。「毒親」は必ずしも子に手をあげたり、食事を与えなかったり、性的な暴力を振るったりするような、しばしば報道されるタイプの親とは限らない。むしろそういう親について語られる場合は、ツイッターでもはっきり虐待や犯罪という言葉が遣われる。

毒親の支配欲

あえて毒親という語が遣われる場合、事情は複雑である。たしかに親は子に対してニュースになるような暴力を振るうことはない。むしろ深い愛情を込めて育てている。ただその愛情が、子を自分の思いどおりに育てたいという支配欲と混然一体だったりするのだ。もちろん親には「この子にはこんなふうに育ってほしい」という願いというか、祈りはあるだろう。それ自体を否定しているのではない。

ただ、子が思いどおりに振る舞わないとき、執拗なしつけを始めてしまうことがある。体罰こそ伴わないものの、強烈な信念に基づいた親のしつけを通して、子は自分の人格が否定されるような苦痛を味わいながら育つ。一方で、疲れ果て、心も荒んだ親が、子に対して「あなたを産まなければよかった」と直接言ってしまったケースも、わたしは幾人もの人たちから聞かされた。

そういうつらい経験を重ねて大人になった人は、やがて自分の親に「毒」という文字を冠するようになる。

「自分の親は毒親だった」と語る人たちと、わたしは出遭ってきた。その人たちのうち何人かに、顕著な特徴が見られた。その人たちはつねに、「相手から叱られはしないか、否定されないか」という、強い恐れを抱いているように見えたのだ。

もちろん、おだやかな家庭で育った人であっても、家族や友人から自分の考えを否定されるのはつらいものだ。しかしつらいなりに「自分も間違っていたのかな」とか、「今回ばかりは自分のほうが正しい」とか、自分で考える。しかしこの何人かの人たちは、他人からわずかでも否定されると恐怖に凍りついてしまい、それ以上なにも考えられなくなるのである。

その人たちはそれぞれの仕方で、強い自己否定の感情を抱いていた。わたしが「あなたは自分を大切にしていいんだよ」とか「あなたは尊い存在なんだよ」とか言ってみたところで、微塵も揺らがないほどの自己否定である。

その人の芯あるいは軸といったものに、「わたしは要らない存在」という実感がこびりついている。


毒親のことを連想したから、わたしが想いだす限りのことを語らせていただいた。言うまでもないことだが、親からひどい目にあった人すべてが「毒親」という言葉を遣うわけではない。それに、人が傷つくのは親からの言葉や行為だけではない。親以外の家族や親族だったり、学校の教師だったり、クラスメイトや部活仲間だったり、職場の同僚だったり……。身近な誰か（たち）から、真綿で首を絞めるように否定され続ける。そういう経験を積み重ねてきた人が、次第に「自分にはなにもない」とか「自分は要らない人間」と感じるようになっていくことがある。

自分などまったく無価値であると、つねに心のどこかで思い続けている人が、自信を持って誰かと向きあうことには困難がある。自分の意見が批判されたり否定されたりすることを、おのが価値の有無と直結させてしまう。だからとても批判や否定を恐れ、とにかく相手に好かれようと無理をする。無理した結果、相手に急接近し、それで相手が驚いて引いてしまうと、否定されたと思って恐慌し、落ち込み、ときには激怒したりもする。

コミュニケーションに挫折した経験

ここらあたりで「じゃあ教会ならなんとかなるんですね。そろそろ結論ですね」と読者は期待しているかもしれない。だが実際にはそんな都合よくはいかない。いくわけがない。

そのような人は、わたしに対しても適切な関係性を保つことが難しいからである。わたしのことを救世主のように褒めちぎったかと思えば、わたしが期待どおりの応答をしなかったとみるや、幻滅し怒りを露わにする。後味の悪い訣別を、どれほど重ねてきたことだろう。いずれも苦く、つらい経験である。わたしはわたしなりに、精いっぱいその人たち一人ひとりと向きあったつもりであった。だが結果として、その人たちはわたしへの失意や怒りのなか、教会を去っていった。

それでも、わたしは思うのだ。去っていく人もたしかに多いが、つながりを持ち続ける人もわずかながらいるではないかと。ここまで語っておいてなんだが、対人関係の成否が人間のすべてを決めるわけではない。

また、これはわたしが宗教者だから言えることなのかもしれないが、学校や会社で通用するコミュニケーションだけが人間のすべてではない。コミュニケーションに挫折するという出来事もまた、コミュニケーションである。

コミュニケーション（communication）とは、元はラテン語のcommunicatioから来ている。com（共に）とmunus（贈りもの、義務）から成るという。つまりコミュニケーションとは贈りものを贈りあったり、協力して義務を果たしたりと、そういう「共に生きること」を指しているのだ。

だとすれば、「毒親」のもとで育ったり、学校や職場などで酷い仕打ちを受けたりして、自分に価値をまったく見いだせなくなった人たちと共に、わたしは喜びという贈りものを贈りあえるようになりたい。

一方で、贈りあうものにはよいことばかりとは限らず、トラブルや苦しみもあるだろう。都合のいいことだけ相手と贈りあおうとするなら、それは贈与ではなく搾取である。だから、対人トラブルを繰り返す人がわたしともトラブルになったとしても、それでもわたしは可能な限り、その人と性懲りもなく付き合い続けたい。それが、その人と協力して義務を果たそうとすることだからである。

学校や会社で、いちいち相手の持つ背景を詮索する余裕はないかもしれない。だが、どこか家でも学校でも会社でもない場所で、もしも本人が自分の過去を話してくれて、その過去ゆえに現在の苦しみがあると分かったなら。そこからコミュニケーションすなわち贈与や協力の分かちあいが始まる可能性はある。苦しみを苦しみとして打ち明けることのできる、そんな場所が共に分かちあうコミュニケーションの、発生の場として求められている。我が教会もまた、その一つでありたい。

「我が子をどうしても愛せない」と慟哭する女性

子どもを虐待する親

子どもへの虐待は犯罪である。わたしは虐待を生き延びた人の声にも耳を傾けてきた。どれほど身体を、そして心を踏みにじられてきたのか。穏やかな家庭環境で育ったわたしの想像を、はるかに絶する苦しみである。

だから、以下の文章を、虐待を受けたことのある人はどうか無視していただきたい。もしもお読みになった場合、遠慮なく「馬鹿なことを言うな。お前は犯罪者を擁護するのか？」と思っていただきたい。責任はすべてわたしに帰するのであり、以下に語られる人々にではない。

わたしがこの文章を届けたい相手は、虐待を受け苦しんできた子どもではない。孤独な子育てのなか、子どもに手をあげそうになってしまう、あるいは手をあげてしまう親である。

また、教育現場において一切の体罰が許されないこんにち、子どもがどんなに暴れ、言うことを聞かなくても口頭のみで注意しなければならず、さりとて大声で注意したらしたで、保護者や社会から猛批判を受けることになる先生である。

「あいつの息子だと思ってしまうと、どうしても愛せないんです。この気持ちは誰にも分かってもらえない。ほんとうに、誰にも」

彼女は乾いたぞうきんをなお絞るような、ちぎれそうな声で語る。わたしにも彼女の気持ちは分からない。分かるとは口が裂けても言えない。そのことが彼女にも伝わってしまったのか。彼女はやがて教会にも来なくなった。けっきょく彼女の気持ちは分からないままに終わったが、彼女が見えない傷から血を噴き出していることだけは鮮明に分かった。

その見えない血の噴水を前にわたしはひるんでしまい、「その後いかがお過ごしですか」の一言を発せずにいた。自分から彼女に連絡をとり、その重いものに触れる勇気が出なかった。「誰にも分かってもらえない」彼女の苦しみを文章にして人々に伝えたかったが、分かりもしないくせに、彼女に無断で公にすることは憚《はばか》られた。いくら彼女の名前を伏せても本人が読めば、自分のことだと分かる。それは彼女にとって、傷を抉《えぐ》られる二次加害以外のなにものでもない。

その彼女が、数年ぶりに教会を訪れた。ほんとうに突然のことだった。

「なぜか、行ってみようと思って」

彼女の表情は明るかった。身を裂かれるような苦しみを何度も経てきたうえでの、静かに澄んだ微笑みがそこにあった。お互いの近況をさんざん語りあったのち、わたしから切り出した。

「ほんとうは前著で、あなたのことを書きたかった。でも、どれだけあなたと分からないよう改変したとしても、あなたには分かってしまうでしょう。だから勝手には書けませんでした。それでもわたしは、あなたの苦しみをひとりでも多くの人に知ってもらいたいんです」

彼女は答えた。

「書いてくださってもよかったのに。でも、そこまで考えてもらえて、嬉しいです。ぜひ書いてください。誰にも分かってもらえないこの気持ちを、知ってもらいたい」

彼女の赦しのもと（許可ではなく、彼女による我が無知への赦し）、わたしは彼女のことをここに記す。分からないのに語る傲慢を引き受けつつ。

暴力を振るってきた元パートナーへの憎しみ

彼女はパートナーだった男から暴力を受け続けた。そのなかで息子を妊娠。出産後も暴力は続いた。比喩ではなく、逃げなければ殺されると思った。逃げたら逃げたで、もしも発見されれば殺される。だからなにがなんでも、生涯にわたり、母子は男から逃げおおせなければならない。

「この気持ちが分かってもらえますか？」

彼女は何度も繰り返した。それは反語である。今まで誰にも分かってもらえなかったのだ。どうしてわたしだけ「分かります」などと言えよう。

彼女も息子も、氏名を変えて逃げ続けている。その逃亡のなか、わたしもこの母子と出遭った。そのとき彼女から聴いた一言が、冒頭の言葉だったのである。

息子を育てなければならない。なにがなんでもあの男から護り、大切に育てなければならない。だが、息子の顔を見ていると、想う。

「この子は、あの男の息子なのだ」

どうしても息子を愛することができない。息子を見ていると男への憎しみが湧きあがり、苛立ちがつのる。息子が駄々をこねると耐えがたくなる。つらくあたってしまう。

「息子に手をあげてしまうんです」
慟哭《どうこく》する彼女の声が今も耳にこびりついている。

彼女みずから息子を児童相談所に連れていった。親子で児童養護施設に行き、息子に見学させたこともある。息子は不安に青ざめて帰ってきた。震えて母を見上げる息子を、そのまま施設に置いて帰ることはできなかった。息子を施設に預けるか。それとも自分で育てるか。母の葛藤は続いた。

微笑みながら息子を見つめ、やさしく声をかける彼女。彼女は今も働きながら息子を育て続けている。彼女ほど一所懸命な母親がいるだろうかと思うほど誠実に、真剣に。

我が子なのに愛せないが、必死で護る親

インターネット上で「親ガチャ」や「毒親」という言葉が流行っていることは先に述べたとおりである。この息子は大人になれば、母を毒親と呼んで捨てるのだろうか。おのれの出自を呪うのだろうか、「親ガチャは外れだった」と。息子を愛せないが必死でその命を護ろうとする母は、毒親であり、外れなのだろうか。

愛とはなんだろう。彼女は「息子をどうしても愛せない」と言った。それは内心の問題で

ある。一方で行いにおいて彼女は、げんに息子の命を護り、養育し、知性あふれるやさしい言葉もかけ、叱りもするが笑顔も見せる。息子は安心して友だちと遊び、家に帰って母と過ごす。

「誰にも分かってもらえないと思います」と彼女は言う。息子を愛せないという、その内心を。息子に垣間見える、憎く恐ろしい男の影を。わたしも彼女の思いを理解することなどできはしない。それに彼女の行為を見て、けっきょく息子を愛しているではないかと思ってしまう。彼女の内心とわたしの判断とは衝突する。多くの人が彼女の行為だけを見、その内心を察することはできないだろう。わたしがそうであるように。

愛とはどういう感情を指すのだろう。そもそも愛とは内心の問題なのだろうか。彼女は息子に、自分たちを殺しかけた男の姿を見てしまう。だから愛せないと語る。だが、息子を一所懸命育てている。そんな彼女に、わたしはイエスの言葉を見いだす。

「あなたがたも聞いているとおり、『隣人を愛し、敵を憎め』と言われている。しかし、私は言っておく。敵を愛し、迫害する者のために祈りなさい。」

マタイによる福音書５章43－44節

息子のなかに敵がいる。しかし彼女は敵がを想いださせる息子を、その息子のまま保護し、養育している。

なるほど、「息子に手をあげてしまうんです」と号泣した彼女に、わたしは児童虐待を見るべきであったのだろう。しかしわたしがそう判断するまでもなく、彼女はそのことを誰よりも自覚し、自ら児童相談所へと足を運び、息子を児童養護施設に連れていきもした。だが青ざめ震えながら自分を見上げる息子を見て、衝き動かされるように連れ帰った。それがすべてなのであり、わたしに彼女の「内心」を評価する資格はない。

だから「この気持ちは誰にも分かってもらえない」と彼女は語る。わたしは彼女ではない以上、息子を愛することができないという事実を自覚できないのだから。

彼女がわたしと再会するまでのあいだに、息子に暴力を振るったのか、暴言をはいたのかは分からない。そもそも彼女が、わたしと最初に会った時点で、長期にわたってそのようなことをしていたのかどうかも分からない。だが少なくとも、彼女が今もなお息子を育てているのはキリストの愛によるのだろう。否、キリストの愛敵によるのだろう。

赤なのに信号を渡ろうとする幼子を「渡るなって言ってんだろうがっ」と、腕が抜けるほど引っ張り戻す父親を見た。そのあと別のところで、自転車の後部座席でもたもたする子どもの足を「さっさとしろっ」と強く叩く父親も見た。

　圧倒的な余裕のなさ。少なくともそれぞれの場で、父たちは孤独であった。子どもの視点から見るなら両方とも虐待である。そこだけを切り取れば。

「息子を愛することができないんです」という言葉だけを切り取り、「息子に手をあげてしまうんです」という一言だけに注目すれば、彼女は毒親であり、虐待者であろう。そこだけを見れば。

　だが、子どもにまったく怒りを覚えず、激昂することもなく、いつも慈愛の微笑みで我が子と向きあい、子どもが粗相をしても大きな声をあげることも手で叩くこともなく、ただ子どもの目を見て穏やかに諭すことのできる親、そんな親はどれくらいいるのだろう。

ＤＶ被害者が虐待を繰り返されないために

被害者も加害者も話せない

ＤＶを受けた人。心無い言葉に傷つけられた人。その暴力の内容、加害者との関係性が複雑であるがゆえに誤解を受けやすく、身近な人には話せない被害者。

教会で、その一人ひとりの語る痛みに耳を傾けていると、加害者の残酷さが垣間見える。人間はそこまでするのか。そこまでできてしまうのか。被害者のなかには「今まで誰にも話せませんでした」と泣きながら、初めてわたしに打ち明ける人もいる。被害者なのに、誰にも話せない。誰にも話せないから、いっそう苦しい。

その一方で、誰にも言えない苦しみを抱える当事者といえば、加害者になってしまった人のことも忘れてはならない。言い逃れしようのない暴力を他人に振るってしまった。暴言をはいてしまった。助けを求めてきた人を冷淡にあしらってしまった。嘘をついて騙してしまった……。後悔し自責の念にかられる内容は人それぞれである。

共通しているのは、「こんなことは到底、人には話せない」と当人が思っていることである。暴力を振るったことを告白して、「暴力を振るってしまうつらさ」を受け入れてもらうことは、多くの場合、正直言ってかなり難しい。暴力を振るっておいて被害者ヅラか。甘ったれるな。お前が苦しみを語る資格などない――暴力を振るった人間はひたすら反省し、自分を責め、「二度と暴力は振るいません」と、繰り返し誓約し続けなければならない。

教会にはこのように加害者になってしまった人も相談に来る。被害者よりも、その数はずっと少ないのだが。加害者が加害の事実を誰かに打ち明けることが、どれほどハードルの高いことであるかがうかがえる。「わたしは加害者です。暴力を振るいました」と打ち明けることは、「わたしは被害を受けました」と語るのとは異なる困難を伴う。

わたしは職場で暴言をはいた

わたしはかつて職場で暴言をはいてしまった過去がある。相手が言い返したり、法的な措置をとったりはしないだろうと分かってのことだ。というのも、もしも相手にそのような脅威を感じていたのなら、暴言ははかなかっただろうから。わたしは無抵抗と分かっている相手に暴言をはいた。たまりにたまったストレスを、キレても赦してくれるだろうと見込んだ相手に爆発させたのである。

この、「やり返してこなさそうな相手にキレた」という事実を告白するのに、わたしには長い時間が必要であった。

拙著『牧師、閉鎖病棟に入る。』を書いた時点では、まだまだ自分を被害者の側に置いていたと思う。その描写からして、キレた理由を職場のストレスのみに求めていたからだ。たしかに職場のストレスフルな環境が、わたしを抑うつ状態へと追いつめたことは事実である。しかし、他にもいろいろな相手がいるのに、特定の「まさにその人」へ向けて大声を張りあげたのは、その人なら赦してくれるであろうことが読めていたからである。じつは本を書いていた時点で自覚はあった。しかしそれを正直に書いたら、「加害者がなにを偉そうに被害者ぶって、本なんか出してるんだ」と言われそうで怖かった。

キレるという出来事は瞬時に起こる。だから、相手に暴力を振るっても抵抗してこないか、その場で吟味しているわけではない。ふだんからの関係性を背景に「こいつになら キレても大丈夫。向こうが折れてくれる」という直感が働くのだと思う。

店員にキレる客を見かけることがある。見苦しいものだ。店員なら殴りかかってこないだろうという前提があるから、客は安心してキレられるというわけである。わたしもそういう恥ずかしいことを職場でやった。

大声で暴言をはくという、ただそれだけでも十分みっともないことであるが、その背景に「こいつになら言える、感情を爆発できる」という瞬時の判断が働いているのだから、なおさら恥ずかしい。

しかし今回、わたしは自分が加害者であることを語りたくなった。「人に暴言をはいておいて、なにを弁解することがあるのか」と言われたら反論のしようもない。ただ、加害者にも加害者になるプロセスというものがあり、それもまた苦しみに満ちているということを、もっと語れる世のなかであってほしいとも思ったのだ。

だから、先ず隗より始めよ。他人の話ではなくわたしの話をすること。わたしは自分がキレることの暴力性、醜悪さ、キレても大丈夫そうな相手を反射的に選んでいたことを心から認める。一方で、そんな卑怯な真似しかできないほど心身ともに追いつめられていたことを、その行為を決して正当化しないという条件付きで、わたしはここに告白する。

「あなたには思考の癖があります」

正直、わたしは「今後二度とキレません」と誓約することができない。キレて暴言をはき、後悔して自殺を企図し、妻に説得されて閉鎖病棟に入った。そんなわたしに精神科医が言ったことで、気になり続けている言葉がある。この言葉があるから、「今後は絶対にキレません」と言い切ることにためらいを覚えてしまうのだ。それは次のような言葉である。

「あなたには思考の癖があります」

思考の癖というのが、脳になんらかの神経回路が形成されているということなのか、心理的な問題構造のことなのかは分からない。いずれにしても、子どもの頃からしばしば癇癪《かんしゃく》を起こし、怒りだしたら地団太踏んでなかなか収まらなかったわたしの内には、なんらかの激昂しやすい道筋ができてしまっていることは事実なのだ。それを無いことにして「一生キレないと誓います」と言い切ることに、正直わたしは自信がない。わたし自身、そのような誓いに説得力を見いだせない。

わたしは再度、過ちを犯すかもしれない。過去に何度もキレてきたことで深く刻まれた溝に、もう一度怒りが流れ込んでしまうかもしれない。わたしはその不安とともに生きていかなければならない。「もうキレることもないだろう」と安心するより、そのほうがよいとも思っている。

いつキレるか分からないのであれば、キレそうな危険をできるだけ回避すればよい。「今日は気持ちに余裕がないな」とか「とても疲れているな」と感じたとき、人との接触を減らすなり避けるなりしてみる。どうしても人と会わねばならない場合であっても「キレる恐れあり」と自覚しておくとか、そういうことならできるかもしれない。

そして「今日もキレなかった」を一日、また一日と重ねること。「神さま、明日は決してキレません」と約束するのではなく、「神さま、今日もキレずに済みました」と感謝すること。

人は誰でも加害者になりうるとか、そういう一般論を話したいのではない。そうやって一般化した途端、「そうですよね」とその場で納得しておしまいである。

もしもあなたが、他人に暴力を振るってしまったら。恋人、妻あるいは夫、子どもを叩いたり、大声で怒鳴りつけたりしてしまったら。万引きをすることがやめられなかったら。痴漢への引力に逆らえなかったら――決して自分ひとりで解決しようとしてはならない。

さまざまな暴力の被害者に対する支援は今、少しずつ広がりを見せている。心身に傷を負った人と共に歩もうと、多くの人々が地道な努力を積み重ねている。これまで語ることができなかった、沈黙を強いられてきた被害者自身が、声をあげ始めてもいる。そうやって自分の受けた傷を語ること自体、暴力の記憶が蘇ることでもある。それでも「こんな暴力がある」と語ってくれる人がいるからこそ、わたしたちは暴力の存在に気づくことができる。

一方で、被害者に対して暴力を振るった際の心理状態や、暴力を回避できる道はなかったのかなどについて、加害者自身が口を開くことはほとんどない。加害者がバッシングされることなく安心して語れる場所も、まだまだ少ない。暴力以外に選択肢がないところまで行ってしまう、その背景はなんだったのか。加害者が再び暴力を重ねないためにも、その人の抱える孤立に誰かが耳を傾ける必要がある。

加害者を支援できる場所

パメラ・D・シュルツ著、颯田あきら訳『9人の児童性虐待者』(牧野出版)という本がある。著者のシュルツ自身が子どもの頃、隣に住む男性から性暴力を受けた。トラウマに悩まされ、苦しんだ末に彼女は、彼(ら)がなぜ子どもに性暴力を振るうのか研究しようと決意する。

研究のフィールドワークとして、服役囚で治療プログラムに参加している9人にインタビューを行ったのが本書である。ところで本書の原題は〝Not Monsters〟。彼女は9人への聞き取り調査の結果、彼ら児童性虐待者たちはゴシップ記事が書き立てるような化け物ではないことを突き止める。すなわち彼らは生い立ちや生活環境など、さまざまなストレスを抱えた弱い人間にすぎなかったのである。

彼女のこのような主張は、ミーガン法に批判的なその姿勢も含めて強い反発を招いた。加害者を擁護しているように受け取られたからである。（※ミーガン法　性犯罪者の出所後の現住所を一般公開する法律のこと。俗称。）

加害者が「わたしは苦しかった」と語り、それを第三者が共感的に聴き取る。その関係性に対して「加害者が反省もせず言い訳ばかりしている」と批判する人もいるだろう。また、加害者に傾聴する者に対しては「お前も暴力の正当化に加担するのか」と、怒りをあらわにする人もいるかもしれない。当然のことであるが、加害者に傾聴することと、加害行為を容認することとはまったく異なる。加害行為は追及されなければならず、一方で被害者がさまざまな支援を受けることは絶対に必要であり、それは大前提である。いかなる理由によっても、この加害と被害との関係が曖昧にされたり、相対化されたりしてはならない。

しかしまた、加害者を力でねじ伏せ「すみません、もう二度としません」と言わせ、一時的に溜飲を下げたとしても、根源的な解決は望めない。そういう仕方では、加害者は「ここはとりあえず謝ってやり過ごしておこう」としか思わないかもしれない。

加害者にならないために、加害しそうになった時点で相談できる場所が必要である。また、加害してしまったあとで、なぜ加害しか選択肢がないと思い詰めてしまったのか、責められることなく聴いてもらえる場所も必要である。

「DVをしてしまったんです」と肩を落とし、泣く人。不倫を打ち明ける人。ごくまれに、そういう人も教会に来る。まれにしか来ないのは、教会でさえそんなことを話せば責められるだろうと思っている人がほとんどだからである。

被害者がいれば、加害者もいる。そして加害者も、ときに自分がしたことに戸惑い、苦しむ。暴力をやめられない自分の情けなさにセルフネグレクトに陥る人もいる。命を絶つ人もいる。

暴力が繰り返されないためにも、あえて加害者を支援する場所が、もっと拡充される必要を感じる。「わたしは暴力を振るいました」と、誰からも責められることなく落ち着いて告白できる場所。人間社会から暴力をなくすことができない以上、そういう場所は必要なのである。加害者が自分をしっかり見つめ、内省を深めることができるのは、そういう場所においてであろう。

第6章

性的な悩みに苦しまないために

「不倫をする人」を断罪しても仕方がない理由

なぜ不倫をしたのか

わたしは今でも精神衛生上の理由から、臨床心理士に月一度のカウンセリングを受けている。最近はことさら深刻な話をすることも滅多になくなったが、妻以外に自分の心境を話せる誰かを確保しておくことは、心の健康上とても大切なことだと思っている。

ところで、臨床心理士がふと話してくれたことであるが、最近は不倫や、それに伴う離婚に関する相談もずいぶんと増えたそうだ。コロナ離婚という言葉がまことしやかに語られたこともあったが、その真偽はともかくとして、ストレスフルな状況下に置かれた夫婦が多いことは間違いなさそうである。

わたしは今まで、小さな教会で牧師をしてきた。だから、自分が働いている教会で結婚式の司式をした経験はほとんどない。一方で、ホテルのアルバイトで結婚式の牧師役（役といってもわたしは本物の牧師ではあるが）をしたり、知りあったカップルに頼まれて、小さなバーで何組かを司式したことならある。

そのうちのある夫婦は今でも仲良く暮らしているし、別のカップルは別れた。別れることもまた、人生の決断の一つである。別れた人々に対して「かわいそう」とか「無駄な結婚生活だった」みたいな考え方をわたしはしないし、そういう考え方を好まない。人にはそれぞれ事情があるものだ。

それはそれとして、別れた理由が不倫であった場合。不倫というからには「倫理的ではない」という価値判断があるのは間違いない。結婚生活をしていながら、別の人と関係を持つ。それもパートナーには隠して。たしかに、お世辞にも倫理的な行為とはいえないだろう。ただ、渦中にある当事者ならともかく、周りの人が不倫をした人／している人を一方的に断罪してても仕方ない。なぜ、その人は不倫をしたのか。その人が今なお不倫をやめられないのはどうしてなのか。わたしはそのあたりの消息に想いを馳せたいのである。

古代から不倫はあった

人間にはさまざまな欲望があることは古代から知られていた。聖書には十戒という、信仰上の10の戒めがある。神がモーセに授け、モーセが人々に伝えた。十戒の結びの部分は、信仰者以外が読んでも今なお新鮮である。

> 「隣人の家を欲してはならない。隣人の妻、男女の奴隷、牛とろばなど、隣人のものを一切欲してはならない。」
>
> 出エジプト記 20章17節

わざわざ禁じているということはすなわち、人間がしょっちゅうそれをやらかしていたということである。聖書ではモーセに並んで有名な、あの伝説的な王ダビデでさえ人妻に欲情した。ダビデは彼女の夫を故意に激戦地へ送り込み戦死させ、彼女を自分の妻にしてしまったのだ。まさに十戒違反である。

ダビデは彼女自身が欲しかったのか。夫のもとで輝いて見えるから彼女が欲しくなったのか。後者の場合、それは他人のところにいるから欲しいのである。三角関係は二人では成立しない。「あいつが愛しているあの人を」欲しいと思う。

他人の芝生は青いどころではない。他人の芝生は黄金に輝いて見える。一緒に暮らしている人を、そばにいて当たり前の存在と思うようになってしまう。それどころか、その人の欠陥ばかりが気になりだし、一緒に過ごしていると息が詰まるようになった——そんなときあなたは、その人以外の誰かを欲してしまうのかもしれない。それも、よりにもよってすでに他のパートナーがいる誰かを。相手が独身であったとしても、そのメカニズムはほとんど同じである。自分のものにするのが難しい、あるいはそもそも不可能な、しかも、いつでも他人のものになりうる魅力を持つ、そんな身近な他者に欲望を覚えてしまうのだ。

一夫一妻の婚姻史に、その原初から不倫の歴史もこびりついてきたのだろう。だとすれば、たまたま不倫してしまった人を、ことさら断罪しても不毛ではないか。あえて挑発的なことを言わせてもらうが、あなたが既婚者であったとして、あるいはこれから結婚を考えているとして、古代から不倫は続いてきたのに、あなただけは絶対に不倫などしないという保証は、どこにあるのだろうか。

夫婦「だけ」の閉じた関係

不倫は、パートナーとの関係に強いストレスを感じているとき起こりやすい。何人かの不倫の相談を受けてきて、そのことを実感する。わたしが話を聞いた人のひとりとして「不倫が楽しくて仕方がない」という人はいなかった。もちろん、不倫が楽しくて仕方がない人は、そもそも教会にやってはこないだろうが。

教会へ相談に来る人は、不倫が苦しくて仕方ないが、それでもやめられないから来るのだ。夫婦関係を続けることも苦しいし、隠れて行う不倫も苦しい。苦しくてたまらないのに、それでもやめられないのが不倫なのである。

不倫が露見した人に対して鬼の首をとったように喜ぶのは、苦しむ当事者の傷口に塩を塗り込むようなものだ。他人の不倫を嘲笑する人は、その人生のなかで一度でも、自分の妻／夫／恋人／憧れの人以外に欲情のまなざしを向けたことはないのだろうか。

そもそも現代において、夫婦関係が冷めてしまったり、新しい相手に欲望を持ってしまったりする問題を、夫婦だけで解決しようとすること自体に無理があると思う。かつて夫婦は社会に対してある程度公的な存在であった。だから結婚は社会への宣言という性格を持ち、結婚式には友人だけでなく親族や職場の人々も呼ばれたのである。

しかし時代は変わった。会社の上司や親族一同を集めて結婚式を挙行することは、手間もかかるしわずらわしい。今はカップルどうしとわずかな友人だけの、簡素な結婚式も増えた。そもそも式も行わず、戸籍の手続きだけで済ませる夫婦もすっかり当たり前になったし、籍もかたちだけのものにすぎないとして、とくに気にしないパートナー関係も日常的に目にするようになった。

こうして今や夫婦は夫婦「だけ」の関係、親族とも仕事の先輩とも無関係な、ある意味で社会から閉ざされたありようになっている。当人どうしが自分たちだけの自由意志によって一緒に暮らすのだ。夫婦以外の他人がその関係に対して、おいそれと口出しできるものではない。そんなことをすれば、一つ間違えればよけいなお世話どころかハラスメントになってしまう。他人の愛情関係はそっとしておくことが基本であり、仮に相談を受けたとしても「まあそんなこともあるよね」と、無難に済ませて話題を変えるのがせいぜいのところ。今や夫婦とは他人たちから見て、どこまでもプライベートな関係なのである。

だが上述のとおり、かつての結婚式には公的な性格があった。

なぜ、面倒くさくても親族一同や職場の同僚が集まり結婚式をしていたのか。それは、そうした関係者のなかには世話好きな人々がいたからである。これら世話好きな人々が結婚式の準備を手伝ったり、祝儀を出したりして、これから結婚する者たちとの信頼関係を培った。そして新郎新婦が夫婦喧嘩や経済的困窮、子育てなどで行き詰まった際には、これら世話好きな人々のうち誰かに泣きつくことができたのである。喧嘩の仲裁をしてくれたり、少しならお金の融通をしてくれたり、子どもの面倒を見てくれたりと、なにかと世話を焼いてくれたのだ。そうやって人々のお世話になりながら新郎新婦も年月を重ね、今度は人生の先輩として、次世代の新郎新婦に力を貸すことになる。

さらには、他の宗教にもそういう性格はあると思うが、教会での結婚式の場合、牧師や神父は新郎新婦の相談役も務める。夫婦だけの閉じた関係では解決できない困難に、親族よりも利害関係の薄い、宗教者が寄り添うのである。先に述べたような人付き合いが希薄になり、ことさら夫婦関係の問題は親しい友人にさえ相談しにくい今、宗教者が裏方としてカップルを支えるニーズも増している。わたしも何組かのカップルの相談を受けてきたし、今も受けている。

彼ら彼女らは今後も付き合い続けるのか、それとも別れるのか。最終的な結果はすべて神にお任せしつつ、わたしは無理のない範囲で若い人々と向きあっている。

性的な悩みは公の場では語られない

格好いい罪と格好わるい罪

人間は性がすべてとは言えないにせよ、それは無視できないものである。しかし公の場で性を語ることはとても難しいし、勇気も要る。教会で「わたしは罪を犯しました」とは言っても、「わたしはこっそり女性の着替えを覗きました」とは言わない。じっさいにそれをしてしまった人がいたとして、たぶん言えないだろう、教会でさえ。罪を犯すにも格好いい罪と格好わるい罪があるというわけだ。涙をさそう文学的な罪と、嫌悪をもよおす醜悪な罪が。

ある「性的な」映画の字幕に、以下の聖書の言葉が出てきた。

しかし、もしあなたがあなたの神、主の声に聞き従わず、私があなたに今日命じる戒めと掟のすべてを守り行わないならば、これらのすべての呪いがあなたに臨み、あなたに及ぶ。あなたは町にいても呪われ、野にいても呪われる。あなたの籠もこね鉢も呪われる。

申命記28章15〜17節

その映画とはムン・シング監督による『赤い原罪』。監督が牧師の資格も持っているという惹句に釣られ、どんな映画なのか、前情報もほとんど知らずに観た。結果的には、自分が最近ひそかに感じていたことをずばり言い当てられたような、強烈な印象が残った。物語のあらすじを、簡単に追ってみる。

白髪の女性が40年前を振り返る。韓国のどこかの漁師町だろう。米軍の基地も近くにあるらしい。当時まだ若かった彼女は、信仰的使命に献身するシスターとして町に赴任する。この町に来る道中のバスで、彼女はある男と出遭う。その男は、彼女が着任する教会の教会員であった。男には中学生になる娘がいる。彼は足が不自由で働くことができないし、働く気力もない。そのため娘は学校に行かず、漁港で荷役などの重労働をしては父親に金を渡している。娘はてんかんと思われる痙攣発作が起こることを恥ずかしく思っており、発作のたび転職する。

シスターはこの父娘を救おうとする。彼女なりに医療や福祉につなげようとするのだ。ところが父も娘も教会からの支援を拒絶する。その際、父であるこの男がたびたび自己言及するのが、最初に引用した聖書の言葉なのである。彼は、自分が神から呪われた者であると感じている。貧困のなか米兵相手に売春していた彼の妻は、兵士と駆け落ちしてしまった。それ以来、男は性的に屈折したものを抱えている。娘は献身的に父親を支えるのだが、シスターはある日、彼女が父親の性処理を手伝っているのを目撃する。一方で男は自己を呪いながら、シスターを性的な目で見るようになり、つきまとい始める。

シスターは葛藤する。信仰において自らを聖域に置いたまま、父娘を「憐れんで」いることは、神の御旨にかなっているのだろうか？　そこで彼女はある決断をするのだが、その決断がどんなものであったのかは、ぜひひとりでも多くの方に本作を観て確かめてもらいたいところである。

安心できるのが性的な場だとしたら

わたしのところに、ときおり男性が訪れる。年の頃は50代も後半であろうか。堅い仕事をしており、妻と息子がいる。彼には秘かな愉しみがある。それは、風俗店に行ってアブノーマルな（本人いわく「教会で話すには憚られる」）プレイをすることである。

この男性は、ひきこもりの息子や病弱な妻を支えることに重圧を感じている。だから自分が壊れないよう、これといった症状が出ないうちに、自衛手段として精神科に通っている。経済的にも困窮している様子はない。自分が置かれた厳しい状況に対して、ひとりで抱え込まず、とても冷静に対処している。歓談する彼の落ち着いた態度を鑑みても、これ以上の支援は必要ないように見える。

しかし、彼は言うのだ。どんな医療や支援も、女性と肌を重ねることの、あの安心と取り替えることはできないと。彼は社会でいうところの変態プレイをしている。わたしは彼の話を聞きながら思った——この人が聴いてもらいたいのは言葉なんかじゃない。きれいに整えられ、穏便に言い換えられた言葉ではなく、コンドームを裏返すように自分を裏返し、おのれの粘膜や内臓や脂肪のすべてをさらけ出して、それらを受けとめ触ってもらいたいのだ。「これがほんとうのおれ、おれのナカミなんだよっ」家族にさえ見せたことのない、どろどろと温く湿ったものを誰かに見せつけて叫びたいのだ。

彼と接しながらぼんやり感じていたなにかを、『赤い原罪』を観て明確に摑むことができた。あの男が求めていたのはシスターのやさしい言葉ではなく、彼女の肌であった。聖職者たちのやさしい言葉は、もはや彼には届かない。彼は自らを神に呪われた者とみなしていたのだから。彼がほんのいっときであれ安心できるのは、自らの臓腑をそこに開き出すことのできる、性的な場だけであった。

教会に来る男性が、映画の彼のような自己呪詛をしていたわけではない。米兵に妻を寝取られたわけでもない。けれども彼にもまた、性的な場でしか癒やすことのできない渇きがある。それは性に関わるがゆえに公的な場所で語ることができず、また、癒やすこともできない。だから彼は孤立する。そんな孤立へと突き放された彼が求めているものもまた、あれやこれやのやさしい言葉ではないし、傾聴ですらなかった。彼が渇望するものもあの男同様、肉のぶつかりあいなのであり、他人と共に自分が生きていることを確認できる匂い／臭いや温もりそのものなのである。

傾聴はときに残酷な側面も

女性たちからすれば、ずいぶん勝手なことを言っていると思われるかもしれない。だが、これは男性に限った問題ではない。男性とはまた異なるかたちで、わたしは女性の語り手たちにも出遭った。

ある女性はホストに夢中になっていた。別の女性は何人もの男性と身体を重ねては「この男もだめか」と絶望に打ちひしがれていた。わたしは彼女たちもまた、言葉ではなく身体そのものを傾聴してもらいたかったのだと思っている。身体そのもの。自分がこの世に存在しているという事実そのものを、性を通して受け止めてもらいたい。やさしげな言葉だけでは一生満たすことのできないものを、彼女たちはおのが肉において渇き求めているのだ。

このような現実を前にしたとき、シスターではないけれども、わたしは自分の限界を突きつけられる。傾聴はときに残酷な側面を持つ。わたしは相手の話を聴く。ひたすら聴く。しかし、わたしのことは話さない。相手は夢中で話すので、ときには自分のすべてをさらけ出そうとする。一方でわたしは自分を制御しており、話すことと、話さないことを冷静に選択している。こうして、わたしと相手とのあいだに圧倒的な非対称が形成される。自身のことには一切言及しないわたしと、おのれの臓腑さえわたしに受け取ってもらいたい語り手と。

いかなる福祉も教会も提供できないものがある

先にも述べたが、閉鎖病棟に入院したことのあるわたしは、今でも月に一度、カウンセリングを受けている。ところで、カウンセラーはただわたしの話を聴くだけでなく、意見を返してくれるのであるが、その聴くと返すとのタイミングが絶妙に心地よい。そして、その人は女性であり、その声もまた爽やかで清々しい。毎回話を聴いてもらううちに、わたしは彼女に対して、性的な欲望を覚えるようになった。

あるとき、意を決したわたしはそれを彼女に話した。カウンセラーによれば、それは転移の一つであるとのことだった。「よく正直にお話しくださいましたね」と、彼女は静かに微笑む。ああこの距離感だな。わたしは了解したのであった。わたしは彼女にあらゆるプライベートなことを話すがゆえに、彼女を恋愛対象とみなし始める。しかし彼女はあくまで職務としてわたしと向きあっているのだ。それゆえ、わたしは彼女がどこに住み、どんな生活をしているのか、その一切を知ることはない。彼女が着ている、彼女自身を包み隠す白衣や、彼女とわたしとのあいだに横たわる大きな灰色の机は、乗り越えることが決して許されない、わたしと彼女との距離を象徴する道具なのである。

福祉においても、困窮する人と支援する人とのあいだには、同じような欲望や悲哀が起こりえるかもしれない。現場では、たとえばソーシャルワーカーが彼ら彼女らの話にじっくり耳を傾け、誠実に対応策を模索する。最近では一方通行の支援を与えるのではなく、当事者と一緒に考え、最善の策を見つけだそうとする支援者も増えつつある。そういう場所で十分な支援を受けているはずの人が、教会に「つらい」と話しに来るのはなぜなのか。

その理由を、彼ら彼女らははっきりとは言わない。そもそも理由を自覚しているかどうかも分からない。また、全員が同じ理由だとも思わない。ただ、そのなかのかなりの人たちは、支援者に誠実さややさしさを感じれば感じるほど、絶望してしまうから教会に来るのではないか。支援者が自分へと向けるやさしさや魅力は仕事のそれなのであって、プライベートで親密な関係に至ることは決してない。彼ら彼女らはこの事実に絶望しているのではないか。さらに残酷なことには、その絶望をなんとか埋めようとして教会に来てくれても、わたしもまた、そのような親密さを満たすことは決してできないのである。

人を癒やし支えるのは人である。助けあうのも人どうしである。だが、公の場でこのように語られるとき、性的なものは語られない。

だが人間は性的な存在でもある。性器で交合するセックスだけを言っているのではない。手をつないだり肌をくっつけたりすることは、傷つけられれば命取りになるような部分を、お互いが曝しあうことだ。そのような関係を結ぶには不安や焦燥もつきまとう。

しかし、いかなる福祉も、そして教会さえも、提供することのできないものがそこにある。牧師であるわたしがこのようなことを語ってよいものか、葛藤もある。だが、この性的なものをしっかり認めたうえでないと、けっきょくはわたしの語る福音も、うわっつらをなぞるだけになるだろう。それは孤立する人には決して届かない以上、もはや福音ではない。

「わたしは男／女です」と言いきれない人からの手紙

傷痕は自分を護る鎧

手紙が届いた。封筒の上から下までぴったりの便せんが透けて見えたので、開封時に中身を切ってしまわないよう、縦向きに開封することにした。

ところが、封筒の下のほうから鋏を入れ、上へと封のしてあるところまで切っていくと、そこで刃が食い込まなくなった。封は太く白いガムテープで、折り返したフラップの端から端まで几帳面に貼ってある。

よく見ると、それはガムテープではなく粘着包帯であった。ようは湿布のような素材である。あなたは湿布を鋏で切ろうとして失敗したことがないだろうか。わたしはあるのだが、まさにあの、むにゅっ、とした感触であった。これは間違いなく粘着包帯で封をしてある

――そう分かったとき、わたしは彼女の痛みを知った。

彼女の、ではなく彼の、というほうが正確なのかもしれない。いや、分からない。その人の性自認は、ときに揺れ動くからである。いっそ「わたしは男／女です」と言い切れるなら、その人はもっと生きやすかったかもしれない。この揺れ動きを他人が理解するのは難しい。もちろん、わたしも。

わたし自身、その人と出遭ったばかりの頃、「この人はようするに女性なんだな」「いや、やっぱり勘違いだ。この人は男性だ」と、すぐに答えを出そうとした。わたしを含めた多くの人から、そのような有言無言の〝正解の圧〟を受け続け、その人はとても傷つき、疲れ果ててしまった。自傷することが、その人にとって煙草を一服するのと同じく、安らぎのひとときであった。

封筒の粘着包帯を見ながら、わたしはその人の指を想いだしていた。両手の何本もの指に包帯が巻いてあった。周りの人には「手が荒れて」と話していたが、自傷を隠していることはあきらかであった。

その人と交流し始めて、もう5年以上にはなるかと思う。腕やひじ、ときには頬に傷痕が残っていることも珍しくなかった。足首のこともあったと思う。今は指に移動したのだろう。

以前は傷を隠す様子もなかったし、逆に「なんだ文句あるのか？　言ってみろよ」と、尖った感じさえあった。その人にとって傷をつけることは日常であり、傷痕を見せることは他人をはね返し自分を護る鎧であった。

だからつい最近その人と会ったときの、あの指先の白い粘着包帯が痛ましかった。傷痕を他人に見せるのではなく隠すということが、いっそう痛みを露わにしているように思えた。その白い粘着包帯で封をされた手紙が届いたのである。封筒はその人の指、その傷、その人自身であった。

手紙には先だっての礼と、最近の心境がしたためられていた。いつも口頭でやりとりしていたので、このようにまとまった文章を受け取ったのは初めてのことであった。

「あえて手紙で伝えたかった」と、その人は書いていた。手紙からは自分が苦しんできたこと、その苦しみも含めて、自分が自分であることを引き受けて生きようという意志、その両方が感じられた。手紙の内容と同じ趣旨を、今までも会話のなかで聴いてはきた。

けれども、こうしてひとり静かに手紙を読んでみると、あれやこれやの言葉を発する、その本体であるところの無言の意志そのものを、わたしはその人から受け取っているような気がする。

苦しみの予兆と痛みの断片

わたしは若い頃、よく友人たちと文通していた。遠方ゆえ会えない者もいたが、電話をして待ちあわせれば十分会える距離の友人もいた。後者と文通していたのは、一つにはわたしがひきこもっており、電車やバスに乗ることに強い不安を覚えていたという事情がある。だから友人から会いに来てもらうことはあっても、なかなか自分から彼のところへ、繁華街を経由して出かけることはできなかった。

それと、彼はすでに携帯電話を持っていたのだが、当時まだ携帯電話の通話料金は高かった。わたしの家の黒電話から彼の携帯へと頻繁に電話することは、両親に対して憚られた。だからわたしは彼に手紙を出していた。自分の近況や、それに伴い感じたり考えたりしたことを、手書きでびっしり書いては投函したのである。

彼は複雑な家庭で育ち、一家離散したために、当時すでにひとり立ちしていた。生き延びるのに必死で仕事も忙しかったはずである。ひきこもりのわたしからの、長々とした手紙によく付き合ってくれたものだ。というのも、彼もまた必ず、わたしに丁寧な返信を寄越してくれたからである。

逆境に対して忍耐強い彼であったので、わたしのことを内心は甘ったれと思ったかもしれない。だが、彼は忍耐の連続のなか孤独であった。だから、わたしからの便りが嬉しかったのだろう。まったく環境の異なるわたしたちではあったが、文通は途切れることなく続いた。

手紙というものは、それなりに分量がある。もちろん「わたしはげんきです」の一言で終わらせることもできるだろう。ただ、わたしはケチな性格なので、切手を貼って出す手紙には、なるべく沢山書き込みたかった。手書きで一所懸命、びっしりと想いを書き込む。書き損じたりもするし、キーボードで打ち込むよりずっと時間がかかる。今になって振り返ってみると、手紙を書くことは自分の考えを整理するための、大切な営みだったのだと実感する。SNSが当たり前になった現代だからこそ、そう思う。

冒頭の手紙を寄越したその人も、苦しみの予兆や痛みの断片をツイッターに書き込んではいた。しかしツイッターとは厳しい世界である。「この人は苦しそうだ。応援してあげたい」と思ってもらえるのは、膨大なアカウントのなかのほんの一握りにすぎない。

たった140文字で簡潔に、人の目を惹きつける表現を書くためには、コピーライターにも似た才能が必要かもしれない。ツイートの濁流のなかで、流され消えることなく多くの人の目に留まり、拡散され反響を呼ぶような「苦しみ」の表現。そんな言葉を紡ぐことができる人は、苦しんでいる無数の人々のうち、ごくわずかである。

たまたま目に留まった誰かの「苦しいです」という呟きの背後には、まさにその苦しみと同質の苦痛を抱えている、しかし誰からも目に留められることのなかった膨大な人々がいる。

絵にならない苦しみと後ろめたさ

思えば「わたしはとても苦しいのです」という言葉は、その表現方法がなんであれ、「おはよう」みたいな言葉と近い性質を持っているのかもしれない。それはほんらい、目の前の人に対する苦痛の訴えなのであって、自分のことを知らない、会ったこともない膨大な人々に向けて発する言葉ではない。

信頼関係のある、目の前の人に発していたはずの「つらい」という訴えを、不特定多数の人間へ向けて発する。それも、おおぜいの人間が同時多発的に、同様に発信する。すると、「苦しみ市場」とでもいうべきものが出来上がる。苦しみ市場では、どの苦しみがいちばん目を惹くのか、おおぜいの客がそれらを見て回る。いや、見て回りさえしない。リツイートされるかどうかで、すでに篩《ふるい》にかけられている。

絵にならない苦しみ、表現の拙い痛みは、誰の目にも印象を残すことなく消えてゆく。それを表現した人自身は、苦痛にのたうち回っているかもしれないのに。

かくして文才(!)ある人間の苦しみだけがクローズアップされ、人々の注目を集めることになる。もちろん「ああ、代わりに言ってくれた。わたしもそうだったんだ」という慰めや安心がそこにあるのも事実だろう。

誰かが代表で痛みを訴えることによって、それが社会的に大きなうねりになることもある。一つのツイートが社会を動かす可能性もあるのだ。

しかしその一方で、取り残される人もいるということを忘れてはならない。その文才とやらが、それこそ〝不幸にして〟なかったがために、おのが不幸を他人に伝えることすらできない膨大な人々がいるということ。わたしは自分の経験を本にしたり、ツイートが注目を集めたりするたび、感じる。わたしと同じように苦しみながらも、誰からも注目されることのない人々の存在を。自分がそれらの人々を出し抜いて目立っているのだという負い目を。

包帯で封をされた、その人そのものである手紙を、鋏の刃を粘着剤に巻き込まれながら開封する。そうやって手間をかけ、ようやく取り出した手紙の、長くひとまとまりある文面。最後の署名。目だけで追うツイートではなく、紙面の手触りから立ち現れてくるその人自身。これをツイートの散発で表せるわけがない。決して表せはしない。１４０文字の塊たちが騒ぎ蠢《うごめ》くなかでは、その人の思いはかき消され、誰の目にも留まらない。だが手紙は物理的距離を超え、目の前にいるわたしひとりへの「こんにちは」である。何千何万もの人々へのリツイートではないし、そうである必要もない。

わたしの苦痛というものを、会ったこともない人々へ向けて発信する必要が、ほんとうにあるのだろうか。もちろん一方で、隠された暴力や社会構造の問題など、苦しみの原因を告発する権利が、ときには義務がわたしたちにはある。けれども、わたしのこの身体に生じる「わたしはつらい」。それはほんらい挨拶のかけ声と同じくらいには、目の前の人だけに向けて発するものなのかもしれない。

「よけいなお世話」によって救われてきた経験

依存症と孤立感

嗜癖《しへき》や依存とされる一連の行為がある。アルコールや薬物への依存。ゲームやギャンブルへの嗜癖。ツイッターにも嗜癖性があるかもしれない。わたしは精神科の閉鎖病棟に入院する前、ツイッター嗜癖であった。孤立感に苛まれる日々のなか、ツイッターをしているときだけが喜びであり、ごくたまに自分のツイートがバズれば、昂揚感が身体をかけ巡った。

より強い刺激を求めて、バズることを目的にツイートするようになった。だが、そんなに都合よくバズると思ったら大間違いで、それどころかわたしのツイートを批判するリプライが返ってきたり、フォロワーが減ったりした。そうなったらなったで焦ってムキになり、わたしはツイッターにのめり込んでいった。

今の教会で働き始めて以来、わたしはさまざまな来歴を持つ人のお話を聴かせてもらうようになった。話している人の短い袖から、腕がふと見える。腕に、手首に、手の甲に、幾筋もの傷痕が見える。なかには首筋や頬にまで切り傷が刻まれている人もいた。あきらかにふつうの怪我ではなかった。連続飲酒がやめられない人が、わたしに語った。

「お酒ね、べつに美味しいから飲んでるんじゃないんですよ。飲んでて楽しいかって？　んー、べつに楽しくもないかな。飲んでるあいだだけ、いやなこと忘れられるじゃない。だから飲むんですよ。酔いが醒めたら、またいやなことばかり考えちゃうでしょう。それが分かってるから、酔いから醒めるのが怖い」

過剰な飲酒とリストカットとは、どこか似ているところがある。リストカットをする人も、「痛くて、血が出ているあいだはそれだけ感じていられる」と話していた。

過食嘔吐に苦しむ人とも出遭った。たしかに痩せてはいるが、わたしと話しているときにはふつうのたたずまいである。だが家でひとりになると、波がやってくるらしい。いちど波が来てしまうと、とにかく胃袋に詰め込むことをやめられない。とうぜん胃には限界があるから、自分で喉に指を差し込み嘔吐しなければならない。猛烈に苦しいという。

なんでそんな苦しいことをわざわざ？　しかしそうせずにはおれないのである。その人が「苦しいんです。助けてください」と話してくれたとき。それは嘔吐が苦しいという意味だったのか。それとも過食をやめられないことが苦しいのか。あるいは、そもそも過食嘔吐を誘発するコンプレックスやトラウマが耐え難いのか、わたしには分からなかった。もしかしたら本人にも分からないのかもしれない。

性欲で仕事や勉強が手につかない人

性欲に悩む人もいる。「性欲くらい誰にでもあるだろう」と、あなたは思うかもしれない。だが、仕事や勉強中も性のことしか考えられなくなるほどだとすれば、どうだろう。つねに猥褻なことで気持ちがいっぱいになり、自慰行為がしたくてたまらない。だから、わずかな暇さえあればアダルト映像を観たり、風俗に通ったりする。とくに男性たちからそういう話を聞いた。ことが性なだけに、誰にも話せず悩んでいる人も多い。

依存や嗜癖と呼ばれる、さまざまな行動。それを行うことで時間やお金、体力や気力を消尽したり、心身を傷つけたりしてしまうことが分かっているのに、やめられない。わたしたちはその行動をとらずにはおれない人について、どう捉えたらよいのか。ある人はこう答えるかもしれない。

「人それぞれなんですから。その人がその行為によって一時的にであれ安心を得られるなら、それでいいんじゃないですか。他人が口出しすることではないでしょう」

一方で、別の人は次のように考えるかもしれない。

「この人のしていることをこのまま放っておけば、身体を壊して死んでしまうかもしれない。本人は嫌がるかもしれないけれど、やっぱりなんとかして、それをやめてもらいたい」

性産業にいる女性は犠牲者？

話は変わるが、こんなこともあった。性産業は男性による暴力と搾取であり、性産業に従事している女性はその犠牲者であると、わたしは考えていた。ところが、じっさいに性サービスの仕事に就いている女性と会って話をする機会があった。そのとき、その人はこんなことをわたしに言ったのである。

「よけいなお世話ですよ。わたしはプライドを持ってこの仕事をしているんだから。わたしのことを『可哀そうだ』って思うかどうかは、わたしのサービスを受けてからにしてもらいたいね」

他人から見た「哀れな仕事をさせられている犠牲者」というイメージと、本人がその仕事に対して抱いているプライド。

貧困や暴力のなかで自らの性を売らざるをえない女性たちもおおぜいいる。性産業に問題があるという考え方が全面的に間違っているというわけではないだろう。そういう人々を被害者と捉え、その救済を考えるうえで、たとえば売春行為の問題点を懸命に考えることが愚かであるとは思えない。

しかしまた一方で、上記の女性との出会いから受けた衝撃は大きかった。男性に対して心身双方の喜びを与えるサービスに誇りを持って従事している人が、わたしの目の前に厳然と存在したのだ。彼女を性被害者という括りで見ることは、けっきょく彼女を軽蔑することと同じではないだろうか。わたしの知らない世界観で生きている人が間違いなくいる。その人をわたしの世界観で「哀れな人」とみなすことの高慢。

聖書にある「ローマの信徒への手紙」のなかで、パウロは語る。

私は、自分のしていることが分かりません。自分が望むことを行わず、かえって憎んでいることをしているからです。

ローマの信徒への手紙 7章15節

パウロは、わたしは自分のしていることが分からないと語る。けれども、どうであろうか。わたしが分からないのは、わたしの行為だけであろうか。わたしの知っているあの人は、自身が望むことをしているのだろうか。それとも、ほんとうはやりたくない、むしろ憎んでさえいることを、やらずにおれない状況にあるのか。

「あの人はやりたくないことを、それでもやめられない」とわたしは思い込んでいる。だが、じつはあの人自身は、心から喜んで、やりたいことをやっているだけなのかもしれない。わたしは自分のしていることが自分の望みどおりなのか、そもそもそれは望んでいいことだったのか、分からない。それだけではない。他人のしていることもまた、それがその人ほんらいの希望だったのか、それとも嫌々、苦しみながらやっていることなのか。わたしには分からないのだ。

この仕事をしていて思うのは、目の前の人に対して「それはやめておいたほうがいいですよ」という一言を発するまでには、長い時間が必要ということである。わたしのことをよく知らない人が、そのよく知らないわたしから「それはやめたほうがいい」と言われたとして、承服できるだろうか。交流を重ね、互いの人がらに馴染みを感じるようになって、初めてそういう踏み込んだ話もできるというものだ。

しかし、そうやって信頼関係を築いた相手でさえ、たった一言「それはやめておいたほうがいいよ」と言ってしまったばかりに、関係がそれっきりになってしまうこともある。

依存症については安易な助言をするべきではないし、してはならない。依存症を専門としている精神科医、松本俊彦氏の著作をはじめ、さまざまな情報源から、わたしたちは依存や嗜癖についての一般的な知識を手に入れることができる。

たとえば、リストカットをする人に対して「自分の身体を大切にしなさい」と助言することは、意味をなさないどころか有害でさえあることも、今や多くの人が知っている。

けれども、あなたの親しい人が、生活に支障が出るほどの依存あるいは嗜癖に苦しめられているとしたら。あなたはそれでも「人それぞれだから」。その人はその行為を通して安心を得ているのだから」と割り切っていられるだろうか。あるいはまた、目の前の人が危険を伴う仕事を「誇りを持って」やっているときに、いかなる場合でも静観することができるだろうか。その人になにか言うべきか、言わざるべきか。わたしたちは信頼関係のなかにあってさえ、その信頼を壊しかねない言葉や行為をもって、相手に介入しなければならないこともある。

誰かと関わりを持って生きていく以上、「人それぞれ」では済まないこともあるのだ。少なくとも、わたしはそう考えている。

安楽死や尊厳死を認めるかどうか

ツイッターで論争になってしまう話題の一つに、安楽死や尊厳死を認めるかどうかというものがある。日本で法的に認められる様子は今のところないのだが、じっさいの施行云々よりも個人の信念や価値観として、そういう手段を認めるか否かということで意見が対立する。

安楽死や尊厳死については専門的な、膨大な議論があるだろう。わたしはそれらのほんの一部しか知らないし、ここでもそうしたことについて議論するつもりはない。わたしが考えているのは、以下のことだけである。

すなわち、どうやったら「死にたい」と願っている人の思いを否定せず受け止めつつ、しかもその人と共に生きていけるのかということである。わたしは「死にたい」と強く願う人の思いをできるだけ聴き取りたい。「死にたい」と思っている人が集まり、「あなたも死にたいんですか。じつはわたしも」と気軽に、笑顔で話せるような教会にしたいのだ。

でもそれは、その人の言葉に従い、死ぬためのお手伝いをすることではない。その人を尊重し、思いを受け止めることは、その人の主張に文字どおり従うこととは限らない。

わたしの立場は、死にたいと思っている人に生きてほしいと願う――願うといえば美しく響くが、ようは強いている――以上、他人の価値観に対する言い訳のできない介入である。わたしがこの立場に立つことに論理的な根拠はない。閉鎖病棟に入ったことも含めて、わたし自身が今まで何度も、自分以外の誰かからの「よけいなお世話」によって救われてきたこと。あえて言えばその経験則が、わたしをしてそう言わさずにはおかないだけである。

※依存や嗜癖行動については松本俊彦『自傷行為の理解と援助「故意に自分の健康を害する」若者たち』(日本評論社)、トラウマについては宮地尚子『トラウマにふれる 心的外傷の身体論的転回』(金剛出版)をお勧めしたい。いずれの本も客観的な知識が得られるだけでなく、当事者の生々しい声が聞こえてくる良書である。

第7章

理不尽な社会を生きるために

リストラ・ハラスメントに誰もが遭遇する時代

突如、お蕎麦屋さんが消失していた

月一度の病院帰りに、お蕎麦屋さんへ行くのが習慣となっていた。格別に高級とか伝統の味とか、そういう店ではない。一杯500円くらいの、昼間はビジネスパーソンでにぎわうチェーン店である。のれんをくぐれば何人かのスタッフが「いらっしゃいっ」と声をかけてくれる。

店内では有線放送の演歌が流れている。演歌を聴きながらそばを啜ると、自分も大人たちに交じって働いているんだなあと、子どもじみた感慨を抱く。

その日も蕎麦屋の前まで行き、わたしは立ち尽くした。ラーメン店になっていた。値段もちょっと高めの設定。お蕎麦屋さん、そんなに廃れていたっけ。いやいや、そんなはずはない。先月行ったときにもビジネスパーソンでにぎわっていたではないか。月一度の通院のたび必ず寄っていたのだが、まさか閉店してしまうとは。いったいなにがあったのか。笑顔で「いらっしゃいっ」と迎えてくれた店員さんたちは、どこへ消えたのか。彼ら彼女らの当たり前の生活は、どうなったのか。

コロナ禍のなか、閉店する飲食店が相次いでいるとはニュースで聞いて知っている。断腸の想いで店を閉じた当事者の方々には申し訳ないが、どこか他人事であると感じていた。だが、通院のルーティンにしていた、生活の一部のようなお蕎麦屋さんが消失した。その事実を目の当たりにしたとき、わたしは、「コロナ禍」という語の重さを痛感したのである。この重さが次に押し寄せたのは、妻がコロナに感染したときのことであった。ちょうど読んでいた、カミュの『ペスト』的恐慌がわたしを襲った。そのことについては、また次の機会に語ることにする。

経営者が店を閉じたり、従業員を解雇したりする。そこには人数という数字ではなく、人間がいる。一人ひとり固有の人生を生きてきた、顔と名前とを持つ人間がいるのだ。ラーメン屋さんとなった場所の隣は、コンクリート剥き出しのがらんどうになっていた。ここにはかつて、やはり繁盛していたカレー店があったはずだ。

カレー店跡の冷たい壁を見つめながら、わたしは幼稚園の理事長そして園長だった日々のことを想いだしていた。今までの任地には教会の関連施設として、キリスト教系の幼稚園があった。わたしは教会の牧師と同時に、幼稚園の責任者も務めていたのである。

職員の「首を切った」過去

わたしは牧師である。牧師というのは、礼拝で聖書を読み、信仰にまつわる話をし、祈るのが仕事である。それと不可分に、悩み苦しむ人々の話に耳を傾け、適切なタイミングで慰めの言葉をかけることも必要とされる。

だが幼稚園の経営責任者としての園長は、事情がまったく異なる。わたしは園長として、職員の「首を切った」ことがある。その人にも生活があると分かっていながら、である。

職員室に該当者を呼び出し、

「たいへん申し訳ないのですが、辞めていただきたいんです」

最初の一言を発した瞬間、時間が凍る。相手の、ぽかんとした顔。その人の妻は熱心な教会員でもあった。彼女はわたしを憎んだ。いつも笑顔でわたしに挨拶してくれたその人は、二度と教会に姿を現すことはなかった。誰かを解雇することは、ときにその人、あるいはその家族からの憎しみを背負うことでもある。

理事長あるいは園長がなにもかもひとりで決断するわけでは、もちろんない。理事会の話しあいがある。とはいえ、話しあいの結果を申し渡すのは園長、つまりこのわたしである。解雇まではいかなくとも、職員たちに「経営が苦しいので減給しなければなりません」と告げたこともある。やはりそのご家族からは「牧師を辞めて、ここから出ていきなさい」と激しく抗議されたものだ。

コロナ禍にあって、自営業の経営者たちは断腸の想いに迫られていると思われる。それまで和気あいあいと仕事をしてきた。しかし経営縮小を、場合によっては撤退や廃業を余儀なくされる。

事業を存続させるにしても、いや、させるためにこそ、このメンバーのうち誰かに、自主退職を志願してもらわねばならない。志願者がいない場合、経営者が選ばなければならない。ベテランを残すのか。未来ある新人を残すのか。どんな基準を設けるにせよ、その基準を満たさない誰かを、はじかなければならないのだ。和気あいあいと働いていた人は、あるいは事情を呑み込んでくれるかもしれない。「社長もたいへんですね」と辞めてくれるかもしれない。だが、あれほど慕ってくれていた経営者を睨みつけながら、あるいは絶望に俯きながら、会社を去っていくかもしれない。

過酷きわまりない職場での出来事

他のところでも語ったが、13年前、わたしは牧師として赴任する任地のない、無任所教師と呼ばれる状況になった。ようするに無職である。家賃でどんどん貯金が消えていく。真夏なのにエアコンもつけず（つけられず）、病身の妻とわたしは力なく横たわり、破れた網戸から入って来る蚊が飛び交うなか、このまま熱中症で死んでしまうかもしれないところまできていた。任地が与えられたときにはすぐ動けるよう、辞めにくいアルバイトを控えていたのだが、そうも言ってはいられなくなり、郵便局で配達のアルバイトを始めた。

神学生だった20年以上昔にも別の郵便局で働いたことがあったので、それほど不安はないはずであった。だが郵政民営化とアマゾンの時代を経た郵便局は、過酷きわまりない職場と化していた。

時間指定の配達物が膨大にあり、ルート通りに配達することなど不可能だった。時間指定に1分でも遅れれば、客は猛然と怒る。

「局長を呼べっ　お前をクビにさせるからな」

怒鳴り散らす客を前に、わたしは郵便局に電話する。すると「あほかっ、お前がなんとかしろ」と電話は切られる。そしてわたしは屈辱に震えながら、客の前に土下座して謝る。

そんなある日。電車の駅で、中年の女性にぶつかられた。ぶつかられたといっても、かすった程度のことである。だが、わたしは激昂し、

「おまえ殺すぞっ」

と、その女性に大声をあげた。そばに妻がいなかったら、わたしは警察沙汰を起こしていたかもしれない。

怒りが冷めてみると、あまりにも自分が情けなく悲しかった。毎日上司からは怒鳴られ、客からは罵られ。やり場のない怒りを、弱そうな相手にキレることで晴らそうとした。どんな言い訳も赦されない、暴力行為であった。

怒りは波のようにうねり迫ってくる。わたしは想いだしていた。かつてわたしにクビにされ、わたしを憎んだ幼稚園の職員やその家族のことを。今度は自分がクビになったというわけだ――赴任先を与えてくれない、わたしを必要としないキリスト教界を呪った。

聖書にある絶望的な言葉に救われる

コロナで苦しんでいる人のことを想うと、過去の自分が苦々しく想いだされる。聖書のなかにある否定の言葉に、当時のわたしは慰めを見いだしていた。

わが神、わが神
なぜ私をお見捨てになったのか。
私の悲嘆の言葉は救いから遠い。
わが神よ
昼に呼びかけてもあなたは答えられない。
夜もなお、私は黙ることができない。

詩編 22編2－3節

神がいるんだったら、なんでこんなに苦しいんだ。神、黙って見てないで助けろよ――そういうきわめてネガティヴな言葉を、わたしに代わって数千年昔の誰かが、すでにツイートしてくれていた。その誰かが時空を超えて、わたしの肩をポンと叩く。

「あんたもか。わたしも」

どんな前向きな言葉より、この絶望に満ちた言葉こそ、わたしを慰める。数年前に『JOKER』という、夢も希望もない映画が流行した。わたしも観て、映像ソフトまで買うほど気に入った。黒々としたものに染まる作品だからこそ、希望より深い慰めが与えられることもある。闇から叫ぶ聖書の言葉が、そうであるように。

わたしは宗教者として希望を語るべきなのかもしれない。おそらくそれが牧師としての本分なのだろう。だが、語ることができず、沈黙するしかないこともある。あのお蕎麦屋さんの活気あふれる店員さんたちは、どこへ行った。あの笑顔は、どこへ行った。「ぃらっしゃいっ」の響きは、どこへ消えた。

この苦しみは他人のせいか？自分のせいか？

就職氷河期世代の恨み

現在30〜40代の、長い就職氷河期やリーマンショックを経験してきた人たちが、バブル絶頂期を現役で過ごした50代以上、あるいは高度経済成長期に青春を謳歌した70代以上を、しばしば目の敵にする。

彼ら彼女ら50代以上や70代以上の人々が贅沢三昧を過ごし、時代のうまみを吸い尽くした、そのツケを我々30〜40代のブラック企業社員／派遣労働者／ひきこもりが支払わされていると。ツイッターにあふれる、これら血をはくような怒りの呟きを読んでいると、わたしは聖書に残された言葉を思い出す。

「あなたがたがイスラエルの地について、『父が酸っぱいぶどうを食べると、子どもの歯が浮く』ということわざを口にしているのは、どういうことか。」

エゼキエル書18章2節

子ども、すなわち自分たちの歯が浮いてしまったのは、父、すなわち前世代が酸っぱいぶどうを食べたせいだ。そういう意味のことわざが引用されている。前世代までの人々が過去にやらかした失敗の尻ぬぐいを、自分たちが今になって背負わされていると。

紀元前586年にユダ王国は新バビロニアに滅ぼされてしまい、おもだった人々は首都バビロンに捕囚として連れ去られた。捕囚となった人々は挫折感のなかで、「自分たちがどんな悪いことをしたというのか。こんなことになったのは父や祖父たちの愚行のせいではないか」と、前世代までの人々を恨んだことだろう。

状況はまったく違うけれども、今の30代や40代の人々が閉塞感のなかで、ゆたかさを楽しんだ（かもしれない）前世代に恨み言を呟く状況に、わたしはこの聖書の箇所を重ね見る。

「死にたい」という呟き

ところで、上で引用したのと同じエゼキエル書のなかには、こんな言葉も載っているのが興味深い。

「人の子よ、あなたはイスラエルの家に言いなさい。あなたがたはこう言った。『我々の背きと罪は我々の上にあり、そのため我々は痩せ衰える。どうして生きることができようか』と。」

エゼキエル書 33章10節

先ほどまでの他責とは打って変わり、今度は激しい自責と後悔の念に満ちている。先述の歴史的状況に置かれた人々は、苦しみの原因を父祖たちの堕落に求め、それゆえ父祖たちを憎んだ。しかし同時に、こんなことになったのは自分たちが神に背き過ちを犯したからだ、だから自分たちは痩せ衰えて死んでいくだけなのだ、と絶望にも沈んだ。

これもまた、やはり30代や40代の人が「自分なんてクズだ。こうなったのもけっきょく自分のせい。自分になんの能力もなかったからこんなことになった」と自嘲する姿に重なる。

高度経済成長期やバブル期をリアルタイムで知っている人々を憎み、自分たちがそのツケを支払わされていると感じる、その同じ人たちが同時に、今の自分を情けなく思い、自分自身を呪い、「死にたい」とさえ呟いている。

苦しい状況に陥り、しかも、なぜそうなったのか理由も分からず、今後、事態が改善する見通しも立たない。原因すなわち過去についても、見通し、すなわち未来についても、なに一つ明確な言葉にできない。言葉にしようとしても、曖昧なことしか言えない。それはときに耐え難いほどつらい。

だから「こうなったのは上の世代のせいだ」と言いたくもなる。しかも同時に「こうなったのは自分のせいだ」と自己嫌悪する。

『ベルリン・天使の詩』

わたしたちは誰ひとりとして生きたまま世界の外にも、時間の流れの外にも出ることはできない。この事実を考えるとき、わたしは『ベルリン・天使の詩』（ヴィム・ヴェンダース監督）という映画を思い出す。

天使は永遠の場、すなわち世界や時間の外部に存在している。このように存在のありようがまったく異なるので、天使が人間のすぐそばにいても、誰も天使に気がつかない。あるとき、天使はビルから飛び降りようとする人のそばにいた。天使は温かな救済のまなざしとともに、その人の絶望に耳を傾ける。

だが、その人はビルから飛び降りてしまう。振り返った天使は声なき声で絶叫する。「人間と出遭いたい、関わりたい」と切望した天使は、世界のただなか、有限な時間の流れに生きることを決意する。永遠の存在である天使は、かくして血を流し死すべき有限な存在、人間となった。

わたしたちは歴史を学び、知ることはできるだろう。だが、過去をどれほど学んで知識を得たとしても――もちろんそれは人生をゆたかにするが――歴史の外に出られるわけではない。

わたしたちもまた歴史の、限られた時間と場所の渦中に生きることしかできない。そして生きている限り、引っかき回され続けるのである。わたしたちが死んだあとにしか答えが出ないこと、否、ひょっとすると、わたしたちが死んだあとも永久に答えが出ないことに。

「人生の分かれ道」は後づけの物語

あのときこうしておけばよかったとか、ああすべきではなかったと、わたしに後悔を打ち明ける人がいる。しかしわたしは思うのだ。「人生の分かれ道」というイメージは、じつは後づけの物語なのかもしれない。

真っすぐな道を歩いていてY字路に突きあたる。さて、どちらの道を行くべきか。それぞれの道に見えている風景を見比べたり、グーグルマップと比較したりしながら、「たぶんこちらだろう」と見当をつけて歩きだす。道を間違えたのなら分岐点まで引き返せばよい。

だが、「人生の分かれ道」と呼ばれるようなケースではどうであろうか。

そもそも人生の場合、今ここが分かれ道であると、リアルタイムに認識できるのだろうか。仮に「ここが考えどころだぞ。よく見極めて進路を決めなければ」と自覚しているとする。だが人生において、選択肢を2本の道のように捉えられるとは限らない。そもそも「あれ」も「これ」も見えない場合だってある。あれかこれかという分岐点が想定できる場合であっても、選ぶべき道で見えているのは「あれかこれか」だけであって、他の選択肢は想定外だ。

わたしたちは後になって「しまった、『あれ』や『これ』があったのか」とか、「『あれ』や『これ』がぜんぶじゃなかったんだ」などと気づくのである。極論すれば、人生には分かれ道などない。分かれている道があったとしても、いったい道は何本に分かれているのか、本人にはクリアに見渡すことができない。選択肢など見えようが見えまいが、その時点ごとの精いっぱいを生き、引き返し不能の人生という道を突き進むしかない。あなたもわたしも、誰も人生の外側から、人生全体の道程を見渡すことなどできないのだから。

わたしたちは限られた時間を、限られた場所で、限られた人々と共に生きている。そうやって生きている自分自身を、外から俯瞰することはできない。だから自分が今なぜ、こんなことになっているのかの説明がつかない。それはとても苦しいことであるがゆえに、わたしたちはしばしば誰かのせいにしようとするし、必要以上に自分のせいにしようともする。

それは今のわたしたちに始まったことではない。冒頭に聖書を引用したように、はるか古代の人々もまた、自分ではどうすることもできない逆境に陥ったとき、それを父祖たちのせいにしようとしたり、そうかと思えば激しい自責の念にかられたりと、揺れ動いたのである。

この他責と自責の揺れ動きに対する「これが答えだ、こうすれば悩みはなくなる」という便利な処方箋は、ない。ないと、わたしは思っている。

ただ、あなたがもしもこうした理不尽な苦しみに悩み、誰かのせいにしたいと思い、自分を責めようとしたとき、その葛藤は間違っていないということを、わたしはあなたに伝えたい。それは古代からの普遍的な苦しみであることを、わたしはあなたと分かちあいたい。あなたの苦しみは、はるか古代人とつながっている。

死にたくなるほどお金に困っているとき

聖書にある借金のルール

お金と宗教というと、両者は互いに最も遠いものと思われがちである。また、お金と宗教とを結びつけて語ろうとすれば、ただちに「汚らわしい」「欲にまみれて生ください」と言われそうだ。

ところが聖書には、お金（というか経済）について、かなり具体的な書き込みがなされている。たとえば借金に関して、こんなルールが定められている。

> あなたの同胞が貧しくなり、あなたのそばで困窮するなら、寄留者や滞在者にするのと同じように助け、あなたのもとで暮らせるようにしなさい。
>
> レビ記25章35節

もしあなたのそばで、あなたの同胞が貧しくなり、あなたに身売りをするなら、奴隷の仕事をさせてはならない。雇い人か滞在者のように、あなたの下で共に住まわせ、あなたの下でヨベルの年まで働けるようにしなさい。その年が来れば、彼もその子らも、あなたのもとから出て、自分の氏族のもとに帰り、先祖からの所有の地に帰ることができる。

同25章39－41節

「ヨベルの年」というのは50年に一度やってくる節目で、簡単にいえば負債がリセットされる年を指す。土地もそこに生ずる稔《みの》りも、そこで働く人間も、もとはみんな神のもの。だから、神ぬきに人間のあいだだけで貧困の連鎖が生じてはならず、その原因となる負債は50年に一度リセットされなければならないのである。

このルールが当時のユダヤ人社会でどの程度実効力を持っていたのかについては、諸説あるようだ。いずれにせよ、それが神の言葉として聖典に刻み込まれ、人々の記憶に受け継がれてきたことは事実である。

教会に「お金をください」とやってくる人

伝道者として駆け出しの頃、教会に「お金をください」とやってくる人に対して、内心葛藤を覚えながらも、わたしは財布から何枚か手渡していた。しかし頻度が重なってくると、わたし自身が疲弊し始めた。お金がなくなるというより、お金を渡すたび心が擦り減ってゆく感じがした。

わたしひとりが（というわけでもないのだろうが）なぜ、どこの誰かも分からない人たちに、お金を与え続けなければならないのだろう。宗教家だったらそうするのが当たり前なのだろうか。わたしだって、助けを求めてくる人を疑いたくはない。だがこの人たちはほんとうに、このわたしが今すぐお金を渡さなければならないほど困窮しているのか？　牧師ならお金をくれるだろうと思って、大げさに言ってるんじゃないか。

自分の身を削って施し続けることも、これ以上は限界だ――そう感じたわたしは、現金の手渡しを一切やめた。それなら最初からそうしておけばよさそうなものだが、その結論が腑に落ちるまでには何万円か、幾人もの人々に手渡し続けるプロセスが必要だった。少なくとも、わたしには。

聖書にあるヨベルの年は、制度としての貧困者救済である。それは法であって個人的善意ではない。もちろん、それを実現するためには個々人の祈りが不可欠ではあっただろう。だが個々人の力だけではどうにもならないということもまた、古代の人々は分かっていたのだ。だから彼らは社会的に解決しようとした。

わたしも個人的善意から目の前の人を助けようとしては、共倒れになりかける失敗や挫折を繰り返してきた。なので、この「社会的制度であること」がどれほど大切なことかがよく分かる。

「お金がない人」と一口に言っても、教会に訪ねてくる人の場合、いくつもの原因が複雑に絡みあって貧困状態に陥っていることがほとんどである。

家族が離散していて誰からも支援を受けられなかった人。病身の家族を世話しなければならず、外に出て仕事ができない人。ご本人に心身の疾患や障害があるのだが、社会保障制度を利用するための知識や機会に恵まれなかった人。あきらかな生きづらさを抱えているのだが、それが客観的な障害や疾病であるとは判断されなかったり、本人に自覚がなかったりして、福祉の隙間からこぼれ落ちてしまった人。

先にも述べたように、わたしは今、ご本人に直接お金を渡すことをしていない。だがご本人と会える近さであれば、その人が居住している地域の行政窓口に同行したり、必要に応じて支援機関のＮＰＯを紹介したりしている。

イエスを裏切ったユダは会計管理者だった

じっさい、お金は大事である。宗教者だからといって「お金に執着するなど愚かなことだ」とはとても言えない。イエス・キリストはたしかに「あなたがたは、神と富とに仕えることはできない」と語った（ルカによる福音書 16章13節）。だが、そのほんの少し前には、イエスはこうも言っている。

> そこで、私は言っておくが、不正の富で友達を作りなさい。そうすれば、富がなくなったとき、あなたがたは永遠の住まいに迎え入れてもらえる。
>
> ルカによる福音書 16章9節

よりにもよって、不正な富で友だちを作れときたものだ。浮世離れした宗教家のイメージからは遠い、大胆な戦略家イエスの姿が垣間見える。イエスは人々の苦しい現実を無視するような、絵空事の天国を語る夢想家ではなかった。

じっさい、のちにイエスを裏切ることになる弟子のユダは、弟子集団の会計係をしていたようだ。イエスとて霞を食って生きていたわけではない。自分の教えを有効に語り伝え、悩み苦しんでいる人、飢えている人、病気の人に適切なケアを行うにあたっては、人々から寄付を募り、そのお金を弟子たちに管理・運用させなければならなかった。その会計管理者がユダだったのである。

また、イエスをめぐってこんな事件も起こっている。ある女性が心からの信仰でもって、高級な香油をイエスの頭に注いだ。それを見た人々は憤慨した。

「何のために香油をこんなに無駄にするのか。この香油は三百デナリオン以上に売って、貧しい人々に施すことができたのに。」

マルコによる福音書 14章4－5節

このときイエスは彼女の味方をした。それはさておき、人々がこのように憤慨したのはなぜか。貧しい人々を現実的に救済するためには、お金も必要であるという認識が共有されていたからである。おそらくイエスも、ふだんはそのように人々に教え、実践していたのであろう。

相談に早すぎるということはない

わたしも貧困の不安を味わったひとりである。

13年前の春、イースターの頃だった。妻が病に倒れた。わたしは悩んだ末、彼女が回復するまで看病に徹しようと決意し、仕事を辞めた。その自覚はなかったが、今でいう介護辞職に近い感覚だったかもしれない。

退職金や知人たちからのカンパは、わたしが見積もっていたよりはるかに早く、あっという間に家賃や光熱水費に消えていった。貯金がいよいよ底をついてきたとき――わたしは公的な窓口に相談するという発想を持たなかった――強い不安のあまり、わたしもまた心身の不調に陥った。

わたしは頻繁に過呼吸の発作を起こすようになり、いつ発作が出はしまいかという不安にも苦しめられた。体調はすぐれなかったものの、焦ったわたしは取り急ぎ郵便局の配達アルバイトに就いた。ところがその仕事がまた、わたしの苦痛を倍増した。心身の不調で自信もなかったのに、よく考えもせず焦って飛びついたのがまずかった。辞めてまた別の仕事を探す気力もなかったわたしは、上司に罵倒されながら半年ほど郵便局の仕事を続けた。たった半年といわれればそれまでである。だが、よく半年もったと思う。ある日突然、自分のなかのなにかが折れた。郵便局に通勤する早朝の駅で、わたしは泣きながら妻に電話をかけた。

「もうあかん」

電話を切り、うなだれた。目に入る両足。連日の配達で擦り減り、破れた靴が見える。わたしもこの靴ほどには摩耗していた。


今だからこそ思う。教会を辞任すると決まった時点で、まず福祉課などへ相談に行き、妻の不調を訴え、適切な支援を受けるべきであった。当面の仕事を探すにしても、インターネットでちょっと調べて「よしっ郵便局だ」と即決するのではなく、ちゃんとハローワークに行けばよかったのだ。そして、窓口で自分の生活状況や健康状態を担当者に伝え、妻の世話をしながらでもできる、体力に見合った仕事を選べばよかったのである。

だが、この「落ち着いて考え、判断すること」こそが、追いつめられた人間には最も難しいことなのだ。お金がなくなってくると気持ちの余裕も失われ、そういう冷静な思考ができなくなってくるのである。

かつてのわたしのように、貧困への不安のあまり考える余裕を失ってしまう人が、この社会には多くいる。そのことをわたしは今、貧困に苦しむ人たちの悩みを聞きながら実感している。第三者から見て「お金がないのに、なぜそんな無謀なことを」という「自滅的な」判断へ、じっさい貧困者は流されてしまうことがある。

お金について冷静に考えることも、冷静でいられるだけの、最低限のお金があってこそできる。貧困状態にある人には、冷静になるための、その最低限のお金さえないのだ。そんな人に「まあ、落ち着いて考えなさい」と言えるだろうか？

お金がなくなってきたら。これはやばいと、ちょっとでも思ったら。「こんなことで相談していいのかな？」くらいの時点で相談したほうがいい。相談に早すぎるということはない。ひとりで抱え込むのではなく、支援につながってほしい。今すぐ貧困が解決されるわけではない。けれども、自分の将来を落ち着いて考えるためのアドバイスを、窓口の担当者はしてくれるはずである。

たしかに、わたし個人が出会ってきた福祉関係者の印象だけで、そのように断言することはできないかもしれない。だが、ひとりで抱え込むよりはずっとましだと思っている。自分自身が追いつめられた経験からも、また、他人の福祉手続きに同行した経験からも、そう思う。

ひとりで自分を追いつめるのではなく、焦るときこそ立ち止まって、わたしたちと一緒に考えよう。あなたに手を差し伸べる人は必ずいる。

生活困窮者
自立支援制度の窓口
（厚生労働省）

https://www.mhlw.go.jp/stf/
seisakunitsuite/bunya/0000073432.html

とくに同ページ内リンクの

「自立相談支援機関 相談窓口一覧」

https://www.mhlw.go.jp/content/000707280.pdf

第8章

孤独な
自分を
見捨てない
ために

なぜよりによってわたしが苦しむのか？

神仏や精霊などの外部世界

新生児に名前をつけるまで、何日かあける文化を持つ地域は世界各地にある。由来には諸説あるだろうが、その一つに、現代のような医療が確立する以前は新生児の死亡率が高かったことが挙げられるだろう。

つまり、生まれたばかりの子どもが亡くなったとしても、まだ名前がついていないその子を、人間社会の一員とは見なさないわけである。人間になる前に神仏あるいは精霊の世界に還っていったと考えることで、親は子どもの死を受け容れることができる。名前をつけるまで数日あけるというのは、新生児が安定して育つのか、衰弱して死ぬのかを見きわめるための猶予期間でもあったのだ。

　もちろんいつの時代や場所であっても、生まれたばかりの子どもを喪うことは悲しいだろう。ただ、たとえば現代の日本のように、多くの子どもたちが当たり前のように成長していくなかで「なぜわたしの子どもだけが死んだのか？」と悲しむことは、子どもの死が頻繁に起こりうる時代や地域で子どもを喪って悲しむこととは、事情が異なってくると思う。

　これは死産の受け止めに限ったことではない。神仏や精霊などの外部世界を持っていないということは、自分の身の上に起こることはすべて自分で納得するしかないということでもある。現代の日本ではたしかに古代や中世のようには人が死ななくなった。道端に行き倒れの死体が転がっていることも滅多にない。


　その一方で、突然の発病や事故との遭遇は、現代にも頻繁に起こる。頑張ってきたにもかかわらず、不況のあおりで解雇されてしまうこともある。自分の力ではどうしようもないことに、人は時代に関係なく翻弄される。生きている限り、納得のいかないことを何度も経験するのである。

　わたしたちはこれを、昔の人々のように神仏からの祝福や呪いのせいにすることなく、まったくの偶発的事件として受け容れることを強いられる。もはや自分の外部はない。自分の内部で、すべてを解決しなければならないのが現代だ。

「たとえ現代であっても、宗教を信じる人は神仏からの力を感じているのでは」とはよくいわれる。けれども、ことはそう単純ではない。宗教を信じる人間、たとえばキリスト教徒であるこのわたしも現代社会に生きている。

わたしの信仰はおそらく、ザビエルによってキリスト教が伝来した当時の、キリシタンのそれとはかけ離れている。戦国時代のキリシタンは自らに起こる幸不幸を、かなり直接的に神に結びつけていただろう。言い換えれば、自らに起こる出来事に対して神が力を持っていないと思えば、彼ら彼女らは転んだ（棄教した）だろう。

苦しみを表現することはできない

その一方で、わたしの信仰は彼ら彼女らに比べて、もっとひねくれている。わたしは牧師になってからも、やむを得ない事情で教会を辞任して無職になったことが二度ある。とくに一度目は、強い不安のなかに置き去りにされた感があった。これをいっそ大昔のキリスト教徒のように、神の呪いによる不幸だと思えたなら。呪いは言いすぎだとしても、せめて神からの試練だと素直に認められたなら。たしかに楽にはなれなかったかもしれないが、諦めはついたかもしれない。

だが、呪術とは無縁の生活をし、キリスト教家庭で育ったわけでもないわたしにとって、偶然起こる出来事は、やはり偶然であるとしか感じられない。つまり、自分の運命を左右している「大いなる意志」といったものを実感することがない。それは信仰云々以前の、肌感覚の問題である。

もちろん後づけで「これは神の試練だった」と語ることはできるだろうし、じっさい、そういうふうに語ることもある。けれども苦しんでいる真っ最中に、体感としてそのように感じることはない。ないというか、できない。

キリスト教徒のわたしであっても、特定の宗教を信じていない人と同じように、理不尽な出来事は理不尽であるとしか感じられないのだ。宗教を信じる信じない以前に、現代という時代、日本という場所で生まれ育っている以上、こればかりはどうしようもない。もちろん、日常の出来事すべてを神に結びつけ、前向きに捉えることのできるキリスト教徒もいる。ただ、わたしはそういう人と、あまり話が嚙みあったためしがない。

おのが身に起こった不幸の理由をただの偶然としか感じられないとき、それを受け容れたり、諦めたりすることは、ひじょうに難しい。これは神仏の領域なのだと思えればこそ、昔の人たちは死に至るほどの苦しみにも耐えることができたのではないか。

たまたま、なんの理由もなく、このわたしが苦しまなければならないということ。なぜ、よりにもよってわたしなのか。それを問うても無駄であることは分かっている。それでも問わずにはいられない。

そういう意味で、わたしにとって教会とは、神からの祝福や呪いを直接に感じられる聖域というよりは、答えの出ないことを誰かと分かちあう居場所である。

今も教会には、やり場のない悲しみや怒りを抱えた人たちがやってくる。当たり前だが、そういう人たちに対してわたしは「あなたのそれは神の呪いです」とは言わないし、わたし自身そんなことはつゆほども思っていない。

その人の苦しみには正当性がある。ただしそれは、その人が苦しみを表現することの正当性である。なぜそんな苦しみを背負わなければならなかったのか、その理由の正当性ではない。なぜその人がこれほどに苦しまなければならないのか、その理由は、本人に対しても周りの誰に対しても、隠されたままである。

苦しみが生じた理由を言葉で説明できないからこそ、その人は苦しいのであり、ただ「苦しい」と表現するしかないのである。

偶然の出遭いの積み重ね

ただし、理由が分からないにもかかわらず、それでも理由を問わずにはいられない、その思いは厳然と存在する。この思いを無理して抑え込んだり、ひとりで抱え込んだりすることは、耐えがたい苦痛である。だから教会では苦しみの理由を「神がそうしたから」云々と安易に解釈するのではなく、分からなくても問わずにはおれないという思いそのもの、その深い悲しみや怒りを分かちあうのだ。

たしかに、そこに理由の判明や問題の解決は存在しない。自分以外の誰かと、このやりきれない思いを共有できるという、一時しのぎの安らぎがあるだけだ。それでも、この一時しのぎの安らぎが、その人の命を明日へとつなぐこともある。

苦しみが大きい人は、何度も教会へ足を運ぶ。一回一回苦しみを分かちあうことで、この理不尽きわまりない痛みを受け容れたり諦めたりすることのできる、時の到来を待つのだ。あるいは、受け容れることも諦めることもできなくても、それでもその思いと共に生きていく力を、少しずつ取り戻していくのである。

あなたはここまで読み、それは無神論と何処が違うのかと疑問を感じたかもしれない。さまざまな出来事を神に紐づけて考えることが信仰ではないのかと。もはやそれができないとき、神を信じているといえるのかと。

だが少なくともわたしにとっては、一つひとつの出来事を直接神に紐づけることが信仰なのではない。わたしにはわたしの、言葉にならないものがある。そして、あなたにはあなたの、わたしとは異なるなにかがある。それら見えず、言葉にもできないなにかを、それにもかかわらず、わたしたちは分かちあえる可能性を持っている。そして、じっさいにその可能性は、しばしば実現する。わたしはそこに神の導きによる「出遭い」を感じるのだ。出遭いという出来事は自分で操れるものではない、そのことを深く味わったと。

「この人と出遭っていなかったら今の自分はない」とはっきり思える人が、わたしには何人もいる。これらの人々すべてとの出遭いを思うとき、その誰ひとりが欠けても、今のわたしは存在していなかったと実感する。この出遭いの不思議さをこそ、わたしは神に紐づけているのである。

たしかにそれは世俗の言葉でいえば「たんなる偶然」なのだろう。だがわたしにとっては、我が意を超えて人と出遭ってしまうこと、偶然なるものが持つ、この超越性こそが神的領域に属している。

子どもの頃によく見た「死刑の夢」

殺されるのを待つ感覚とは

子どもの頃、自分が死刑になる夢をよく見た。セールスマンのような人が自宅にやってきて、告げる。「あなたはこれから死刑になります。カタログにある死刑方法のなかから、いちばん恐怖が少なく、楽に死ねるだろうと思える方法を選んでください」。カタログを手渡されたわたしは震えながらそれを開く……。銃口を突き付けられ絶叫し、自分の叫び声で目が覚めたこともある。なぜそういう夢を見るのかは分からない。死刑になる夢はどれも鮮明で、今でもはっきり覚えている。

殺されるのを待つのはどんな感覚なのだろう。数年前、死刑囚表現展に行った。その名のとおり、死刑囚が死刑を待つあいだの日々に、絵や立体物を創作したものが展示されている。そのなかには、あきらかに心を病んでいるとしか思えない表現の作品が何点もあった。

心を病んでいたから死刑に値する重罪を犯したのか。それとも、いつやってくるか分からない死刑を待つという、極限状態のなかで心を病んだのか。わたしは自分が死刑囚になったつもりで、ある日突然刑務官がやってくる恐怖を執拗に追いかけていた。展示を観終わった後の疲労は著しい。


『名もなき生涯』という、テレンス・マリック監督の映画がある。実在した人物を描いている。ヒトラーを仰ぐナチズムが席巻するオーストリア。フランツ・イェーガーシュテッターはカトリック信仰のもと、自らを取り巻く世界を黙示録的に受け取る。今こそ真実の信仰が試されていると。彼は兵役には応じるが、信仰に基づいてヒトラーへの忠誠を拒否し、逮捕される。そして死刑になるのである。

フランツに判決をくだす裁判長はナチス党員である。しかし裁判長は判決を言い渡す前、フランツがただ神への忠実ゆえに、死刑を求刑されていることに葛藤する。悩んだ末に死刑を宣告する裁判長の姿は、イエスに罪を見いだせなかったものの、民の熱狂に圧されてイエスを十字架に送った、総督ピラトを思わせる。

この映画の終盤が、それこそ悪夢のように恐ろしい。電気椅子刑を待つ死刑囚たちが外で、横一列に座って待っている。ひとり、またひとり、呼ばれた囚人が建物のなかへ消えてゆく。入った者は、二度と出てこない。フランツ・イェーガーシュテッターの隣に座る囚人が、恐怖に震えている。

フランツは自分も殺される運命にあるにもかかわらず、彼の身体を自分のほうへと抱きよせ、心から慰めてやる。やがてその囚人は建物に消え、次いでフランツも呼ばれ建物のなかに入る。建物内部には暗幕があり、暗幕の向こうには濡れた床、電気椅子、バケツ……。

映画を観終えたわたしは、「自分が死刑になるときには？」と、そればかり強迫的に繰り返し想像していた。違うことを考えようにも、こびりついて頭から離れない。だが同時に、フランツが死刑の直前においてもなお隣人を慰め、勇気づける姿が強く印象に残っていた。わたしは聖書の、次の箇所を想いだした。

はりつけにされた犯罪人の一人が、イエスを罵った。「お前はメシアではないか。自分と我々を救ってみろ。」すると、もう一人のほうがたしなめた。「お前は神を恐れないのか。同じ刑罰を受けているのに。我々は、自分のやったことの報いを受けているのだから、当然だ。しかし、この方はなにも悪いことをしていない。」そして、「イエスよ、あなたが御国へ行かれるときには、私を思い出してください」と言った。するとイエスは、「よく言っておくが、あなたは今日私と一緒に楽園にい

る」と言われた。

ルカによる福音書 23章39－43節

十字架で苦しむイエスの左右それぞれにひとりずつ、犯罪者が磔となっている。二人のうちの後者、「イエスよ、あなたが御国へ行かれるときには、わたしを思い出してください」と語る男の姿に、わたしはフランツを見る思いがする。

釘で磔にされた激痛と、十字架刑特有の窒息のなか、それでもイエスに声をかける彼。彼はこの地上世界を超えた向こうにありありと希望を持つがゆえに、迫りくる死という究極の不自由においてすら自由である。ただ、わたしはやはり前者、すなわち「お前はメシアではないか。自分と我々を救ってみろ」とイエスを罵った犯罪者のほうに、追いつめられ自暴自棄となった自身の姿を見いだしてしまうのだが。

自由であるとは孤独であること

若い頃、わたしは苦しんでいる人たちと教会で出遭い、「弱さに苦しむ人どうしが連帯できたら。そういう場所として教会が機能するなら、どんなにいいだろう」と考えた。もちろん、今でもその理想を完全に捨て去ったわけではない。ただ、それがどれほど難しいことであるかを、これまでの仕事のなかで痛感してきた。

たしかに人間は自由な存在であるかもしれない。しかし一方でそれは、誰ひとりとして同じ状況に生きている人はいない、という意味での自由である。

あの人もこの人も自由な選択をする。ほとんど同じ状況に見えるなかで、なぜある人はAを選び、別の人はBを選ぶのか。自由だからといえばそれまでだが、その「自由」な選択とは、それぞれの人が育ってきた環境や、その人自身の性格など、さまざまな要因から制約を受けている。一方で、その人を縛り制約する諸要因を突きぬけてなお残るものが、その人にとっての究極の自由なのかもしれない。死刑執行直前という究極の不自由にがんじがらめにされながら、それでもなお隣人への気遣いという自由を行使したフランツのように。

だからそれぞれが自由に振る舞うといっても、その自由は誰ひとり同じではないのだ。どんな自由を行使するのか。それは自由である以上、他の誰とも重ならない。自由とはじつに孤独である。

イエスに敬意を示した犯罪者が自由にそうしたのであれば、イエスを罵った犯罪者もまた、自由にイエスを罵ったのだ。彼ら二人はそれぞれ限界状況にありながら、おのが自由を行使した。

それぞれの犯罪者にとって、この世界のなかで激痛と窒息を伴う恥辱を共有できるのは、自分の真横で同じ磔にあえいでいるイエスと、自分ではないほうの犯罪者だけだ。彼ら三人は同じくらいの目の高さ、同じ程度の激痛、同じ息苦しさの窒息を味わっている。苦しむ者どうしが連帯するというのなら、連帯のための条件は満たされている。なにしろ、同じ苦痛を同時に味わっているのだから。

だが一方の犯罪者がイエスに恭順したのに対して、他方はイエスを罵る。連帯せず、イエスに共感しない自由を彼は選んだ。それは自由な選択であるといえる。なぜなら二人はそれぞれ、罵ったほうは恭順することを、恭順したほうは罵ることを、選ぶことだってできたであろうから。

だが、ほんとうにそうだろうか。無罪のイエスを気遣い、彼におのが信仰を告白した犯罪者は、たしかに刑死においてさえ尊厳を貫く自由を行使したのかもしれない。だが、イエスを罵った男はどうなのだろう。彼は自由を行使できたのだろうか。彼は罵ることを選んだのではなく、そうせざるを得なかったのかもしれない。彼がどのような犯罪をして磔刑になったのかは、彼自身が知っている。彼は激痛と窒息のなか「おれはどこで人生を間違えたのか」と、じつはイエスではなく自分を呪っていたのかもしれない。

いずれにせよ十字架はただの死刑ではなく（洗礼者ヨハネは磔刑にされたのではなく首を刎《は》ねられた）、見せしめ刑である。苦しむ死刑囚を馬鹿にして、嗤《わら》いながら見ている者もおおぜいいる。このうえなく惨めだ。ひょっとしたらこの犯罪者は、以前からイエスのことを知っていたのではないか。そして、十字架上のイエスを泣きながら見守る女性たちの姿に気づいたのかもしれない。

なんだよ。お前には同情してくれる女たちがいるじゃないか。おれはみんなから嫌われて、馬鹿にされて、嗤われながら死んでいくというのに。

彼はいっそひとりで磔にされたほうが、まだ幸せだったのかもしれない。そうすればイエスと自分とを比較せずに済んだであろうから。悲しんでくれる者を持つイエスが横にいる、そのことが、悲しんでくれる者などひとりも持たない彼をいっそう苦しめた。わたしたちが生きている現代にも彼と同じく、イエスの横で十字架に苦しんでいる人がおおぜいいる。「あなたはいいよ。ずいぶんと共感も同情もされているじゃないか。わたしはあなたよりずっと孤独で、孤立しているんだ」。そもそも苦しみは他人と比較できるものではない。それぞれの人が、それぞれに苦しく、つらい。

けれども人は比較してしまう。わたしはあなたよりはるかにつらいのだ。あなたは下駄を履かせてもらっているじゃないか――その怒りこそが、怒る本人の傷に塩を塗り込み、さらなる痛みへと追いつめる。

苦しみが和らぎ、絶望が癒やされる瞬間

最期まで隣人を愛し、尊厳を保ったからといって、苦しみが癒えるわけではない。フランツ・イェーガーシュテッターは暴れようが泣き叫ぼうが、どのみち殺されただろう。彼はそのように振る舞ってもよかった。だが、彼は最期まで隣の囚人と連帯しようとした。彼自身の信仰が結晶した自由を、わたしはそこに見た。

「イエスよ、あなたが御国へ行かれるときには、私を思い出してください」と語りかけたほうの犯罪者は、イエスから「よく言っておくが、あなたは今日私と一緒に楽園にいる」と言われた。そのとき彼はどう感じただろう。激痛も窒息も緩和されるわけではないのだが、それでも苦しみは和らぎ、絶望は癒やされたのではないか。彼は「そうか、もうすぐだな」と想いながら命を終えることができただろう。この二人のように、苦しむ当事者どうしが出遭い、共鳴しあい、慰めあうことができるなら、どんなによいだろう。

一方でこんにち、SNSではさまざまな苦しみの蓋が開かれ、ほうぼうから絶叫が響き渡っている。「わたしは苦しい」という他人の声にかき消されまいと、「いいや、わたしのほう

がもっと苦しいっ」と、苦しむ人は自分に鞭打ち、おのが苦しみをアピールしなければならない。

イエスに恭順した犯罪者やフランツのように誰もがなれるわけではない。わたしも、おそらくは無理だ。しかし、イエスを罵ったほうの犯罪者に対して、わたしはせめて共感的でありたいと思う。連帯できないからこそ苦しいのだという事実を、「わたしのほうがっ」と苦しみ叫んでいる人に重ね見たい。

「連帯しよう」ではなく。しかし「連帯できないよね」と声はかける。そういうところから、つながり始めたい。

無駄で面倒なことに、幸せは宿っている

散髪に行った幼少時の思い出

そして、私は玉座から語りかける大きな声を聞いた。「見よ、神の幕屋が人と共にあり、神が人と共に住み、人は神の民となる。神自ら人と共にいて、その神となり、目から涙をことごとく拭い去ってくださる。もはや死もなく、悲しみも嘆きも痛みもない。最初のものがすぎ去ったからである。」

ヨハネの黙示録 21章3－4節

コロナの感染爆発が続いていた頃、家にじっとしていることに耐え難くなったわたしは、散髪に行った。店員に案内され、椅子に深く腰を下ろす。奥の客が他の店員と会話するのが聴こえてくる。「今日の感染者、1万人以上だって！」。まだ出かけるのは早かったかと不安

になる。

カットクロスを首に巻かれ、「苦しくないですか？」「だいじょうぶです」。そんないつものやりとりをしていたら、隣の椅子にちいさなお客さんがチョコンと座った。３歳くらいだろうか。もっと幼いかもしれない。常連なのか、母親は息子を座らせると店員に「あとで迎えに来ます。次は娘もお願いします」と一言残し、どこかへ去った。


わたしは父に連れられ、初めて散髪に行ったときのことを、懐かしく想いだした。頑固おやじが店主で、見習いがいた。頑固おやじを覚えているのは、そのときの一回きりだ。父によれば、その後おやじは身体をこわし、見習いに店を譲ると、やがて亡くなったという。わたしは見習いであったその男から、その後の長いあいだ髪を切ってもらうことになる。

初めての散髪はさんざんなものであった。医者や歯医者に行くのと同様、わたしにとって散髪の椅子にひとりで座り、白い服の男に覗き込まれるのは恐怖でしかなかったらしい。わたしの髪を切ってくれたのは見習いのほうだったと思う。わたしが号泣するごとに、困惑した彼が鋏を引っ込めたのを覚えている。横で父があやしてくれた、かすかな記憶もある。

見習いであった頃の彼の記憶は、ほとんど残っていない。思い浮かべる彼といえば、その頼りがいある技術と饒舌である。こわもてだった先代とは打って変わり、柔和な物腰の彼はバリカンを滅多に使わず、繊細な鋏さばきで襟足のグラデーションを仕上げてくれた。幼いわたしにも丁寧に剃刀をあててくれたものだった。首筋を剃られるときにはくすぐったくてたまらなかったが、あとで肌がつるつるになるのが、ただただ不思議だった。

地震で倒壊した理髪店

1995年1月17日、その店は街もろとも地震で倒壊した。彼は仮設小屋を建て、どうにか仕事道具を揃えて店を再開した。その頃のわたしはといえば、とある薬学系の大学に通ってはいたものの青息吐息、いつ中退の意思を親に打ち明けるべきか悩んでいた。しかし悩んでいたのはわたしだけではなかった。いつものように鋏を手際よくシャキシャキやりながら、彼が漏らした。

「なあ。飲んだらすぐに死ねる薬、作ってくれへんか」

その声はとても静かで、みょうにおだやかで。深い、底の見えないところから響いてきた。仮設小屋の片隅には大きな板切れが立てかけられ、床に木くずが散らかっていた。板には仏の姿が彫られている途中だった。板が彫られているというより、板のなかから仏が姿を顕しつつあった。彼は死に呑み込まれそうになりながら、分厚い板のなかに埋まっている、救いを見つけ出そうと鑿《のみ》を振るっていた。

わたしの父は齢を重ねても、散髪は必ずその店に行った。彼の饒舌と話があわず、軽い口論になることもあった。それでも父は「あの人には考えを改めてもらわんとあかん」とぶつくさ言いながら、けっきょく店に行くのだった。彼の子どももわたしと同様、ひきこもりや不登校などひと通りの道を歩んでいたらしい。父はなんだかんだ言いながら、彼を子育ての同志と思っていたのかもしれない。

最晩年の父は、母に手を取ってもらいながら店に通った。父が彼以外から散髪をされたのは死ぬ直前の一回だけ、入院先の病院でのことである。かくして棺のなかの父は、バリカン嫌いだったにもかかわらずスポーツ刈りであった。

髪は不便なものである。晩年までふさふさと若々しかった父とは違い、わたしは最近めっきり額が広くなってしまった。禿げていて、しかもぼさぼさ頭というのはお世辞にも爽やかとはいえない。だから結果的に、髪がゆたかだった頃より頻繁に散髪に行かねばならなくなった。けれども、安いところは安いなりのことしかしてくれない。

わたしは長年にわたって彼が散髪してくれた、その気持ちよさを覚えているので、どうしても散髪される途中の心地よさを求めてしまう。そうなると少し高い店になる。ぜいたくだと分かってはいるのだが、幼少時からの楽しみなのでやめられない。とにかく髪を維持するのはお金もかかるし、面倒くさいことなのだ。

しかし、このお金もかかるし面倒くさいことに、幸せを感じもする。となりの席に座った幼い子どもが、「ふふふ、ふふふ」とくすぐったがりながら散髪されるのをチラチラ横目で見る。ああ幸せだな。この子もこれから、長い人生のなかで散髪の幸福を積み重ねてゆくのだな。

無駄で面倒なことに、幸せは宿っている。それに、わたしにとっては無駄で面倒かもしれないが、切ってくれる理容師は髪切りに人生を懸けている。彼ら彼女らは技術を磨きぬいたプロフェッショナル。ショキショキと鋏の振動が頭蓋骨に伝わると、どんなに目が冴えていても眠くなる。あの催眠波長を繰り出す技は、素人には決して真似できない。

死んだらどこへ行くのか

わたしはキリスト教徒なので、死後の世界というものを信じている。信じているのに、じゃあ死んだらどんな場所に行くのかと問われても、じつはなにも答えることができない。

というのも、聖書にはいろんなことが断片的に書かれているが、「あの世はこんな場所で、死者たちはこんな生活をしています」と、はっきり示してはくれないからだ。たとえば先ほど引用したヨハネの黙示録には、死者たちが復活した永遠の世界を想わせる表現があるにはある。だが、あくまで黙示録独特の表現に彩られているため、やっぱりわたしにはよく分からない。

ただ、「もはや死もなく、悲しみも嘆きも痛みもない」と黙示録が語る以上、あの世では苦しみが存在しないらしい。それなら、あの世は完璧な場所で、そこでは人間も動植物も完璧な存在になれるのだろうか。もしもあの世が「完璧な」世界なのであれば、もう髪は伸びも乱れもせず、したがって散髪などという「無駄な」作業も必要なくなってしまうのだろうか。

そうだとすると、散髪のささやかな幸せはどうなってしまうのだろう。理容師のシャキシャキ、ショキショキとした鋏さばき。散髪しながら交わされる、あのなにげない会話。二度と味わうことができないのか。

不便で、手間もお金もかかるからこそ味わうことのできる幸福。そういうものが確かにあるとわたしは思っているのだが、そういう不便さやお金がかかるという事実は、天国においては無駄で罪深いことになってしまうのだろうか。

まだ若かった頃、ロックが大好きな友人と商店街を歩いていたとき、彼がこう言ったのを想いだす。

「おれは天国には行きたくないな。真面目で退屈な場所やろ？『天国はないと想像してみろ』と歌ったジョン・レノンもいないし、『悪徳の栄え』を訳した澁澤龍彥もおらんやろ？そいつらみんな地獄におるんやったら、おれはそいつらと会える地獄に行きたいな」

天国が結婚式場の白いチャペルみたいな場所だったら、二、三日も経たずに飽きてしまうだろうと考えたわたしは、ただ彼の話に頷くしかなかった。

天国に想いを馳せつつ、しかしそこがどんな場所なのか、決して知ることができないということだけは知っている。

天国とかあの世とかいわれる場所は、あの理容師が板に彫ろうとしていた仏のようなものかもしれない。

ある日店に行くと、あの板はいつの間にか片づけられていた。わたしは彼に、板をどうしたのか尋ねる勇気が出なかった。「ああ、あれ？　棄てたよ」と答えられるのが怖かった。だが板の行方がどうなったにせよ、かつて彼が、板のなかから仏を見いだそうとしていたことは事実である。

わたしにとっての天国も、今のわたしにはぶ厚い板のなかに隠されている。それは彫り（掘り）出されるのを待っているのだ。生きることは、なにも見えない硬い「時の板」に向かって、鑿を突き立て続けるようなものである。

あなたは今、なにに向かって鑿を突き立てているだろうか。彫りだすものの姿を、あなたはすでに想像できているだろうか。それともあなたは、おのが腕の導くままに彫り、はね返ってくる木くずに目を細めながら、やがて姿を顕してくるものに驚嘆するだろうか。

「求めなさい。そうすれば、与えられる。探しなさい。そうすれば、見つかる。叩きなさい。そうすれば、開かれる。」

マタイによる福音書７章７節

「自分自身の物語」をつくり、その読者になる

親しい人だからこそ話せない

家族や友人など、親しい人だからこそ話せないことを、赤の他人である宗教者に話す。否、赤の他人という個人ではなく、その宗教そのものをまとった抽象的な他者に。

「宗教者も世間の苦労を知ったほうがいい」とはよくいわれることである。だが、わたしは宗教者というものは「憂き世」離れ、すなわち、この苦しみに満ちた社会から一歩引いたところにいるほうがいいと考えている。社会のただなかで疲れ果てた人が、しがらみから離れ祈りを求める、その手助けができるようになるためにも。

長時間にわたりお話をうかがったある人が、その終わりのほうでおのが人生を振り返り、

総括するように呟いた。

「これもまた、神の導きなんですかね」

嬉しかったから、その人はそう呟いたのではない。その人の歩んできた道は、むしろ血をはくような険しさであった。それなのに、その人は「神の導き」という言葉を遣ったのである。わたしは心からアーメン（然り）と思った。

神の導きというと、幸福な出来事にたいして比喩的に遣うイメージがある。大げさな（ちょっと安っぽい）ドラマの演出をイメージしてもらえばよい。登場人物は、大怪我をして入院したときに「これは神の導きだ！」とは言わないだろう。その人物にとってまたとない好機が訪れた、まさにそのとき「これは神の導きだ！」と叫ぶのである。その後でこの人物が不幸に陥ったなら、かつて「これは神の導きだ！」と小躍りしたこと自体が、その不幸を際立たせる効果を持つだろう。

しかし聖書を通して「神の導き」という言葉を考えるときには、話が違ってくる。ラッキーかアンラッキーかという短い間隔／感覚では、それは判断できないことなのだ。聖書をほとんど知らない人でも知っている人物に、十戒のモーセと、イエスの母マリアが挙げられる。その二人を例にとって、少し考えてみたい。

モーセが人を殺した理由

モーセは辺りを見回し、誰もいないのを確かめると、そのエジプト人を打ち倒し、砂に埋めた。

出エジプト記 2章12節

モーセはいきがかり上、殺人をしてしまう。虐待される仲間を助けようとして、思わずエジプト人を殺してしまったのだ。彼はエジプト王女の子として育てられたが、殺人を犯したことが露見し、逃亡者となる。彼はエジプトから離れたミデヤンの地まで落ちのびる。誰にも殺人の過去を話さなかったのだろう。彼はそこで祭司エトロの娘と結婚する。モーセがエトロに自分の過去を話したかは不明である。だが話したら、エトロは彼に娘との結婚を許しただろうか。いずれにせよ、モーセはエジプトを忘れようとするかのように、ミデヤンの地で平穏な暮らしをしていた。そこへ神が姿を顕し、モーセをイスラエルの指導者として召しだそうとする。ところがモーセは神に質問したり、反論したりする。

モーセは主に言った。「ああ、主よ。以前から、また、あなたが僕に語られてからでさえ、私は雄弁ではありません。私は本当に口の重い者、舌の重い者です。」

出エジプト記4章10節

彼は殺人の過去を家族にも隠したまま、ひっそりとこの小さな幸せを生き、死にたかったに違いない。わたしは間違っていない、あのときは仕方なかったのだ……そう自分に言い聞かせながら。

けっきょく彼は指導者として働かざるを得なくなる。最初のうちはモーセの話に耳を傾ける気力などなかった人々も、やがて彼に率いられエジプトを脱出する。しかし、

イスラエルの人々は二人に言った。「私たちはエジプトの地で主の手にかかって死んでいればよかった。あのときは肉の鍋の前に座り、パンを満ち足りるまで食べていたのに、あなたがたは私たちをこの荒れ野に導き出して、この全会衆を飢えで死なせようとしています。」

出エジプト記16章3節

奴隷のときのほうが食うに困らなかった。それなのに、エジプトから脱出したせいで餓死しそうだ。どうしてくれる。人々はクレーマーよろしくモーセに迫った。モーセは人々の不平不満、神への不信と、何度も付き合わなければならなかった。上司（神）と部下（人々）のあいだで苦しむ中間管理職のような、つらい生涯を彼は歩んだのだ。そして、神がイスラ

エルの人々に約束した地に自身は足を踏み入れることなく、モーセはその生涯を終えた。

惨殺される息子を見守るマリア

話をイエス・キリストの母マリアに移そう。

聖母とさえいわれるマリア。しかしヨーロッパの聖母子像で見られる、ふくよかな成人女性のイメージとは、その実像は異なるようである。当時のイスラエルにおいて、ユダヤ人の婚約年齢は若かった。男は18歳、女は12、13歳で適齢期とされていたという（橋本滋男、1991）。婚約してから結婚するまで、あるていど期間があったとしても、マリアは15歳以上ではなかったかもしれない。

そんな彼女が、まだ婚約中にイエスを身籠ってしまった。しかも、それはヨセフの子ではなかった。仮にその事実を隠したとしても、イエスが父とぜんぜん似ていないことは、彼が育つにつれて、誰の目にもあきらかとなったであろう。

天使の知らせによれば、マリアは聖霊によって身籠ったという。だがもしもマリア本人が「わたしは聖霊によって妊娠しました」と証言したとして、どれほどの人たちが信じてくれただろうか。同情的な人であっても、常識的には「あの子はあんなこと言うけれども、かわいそうに、きっと暴行されたんだ」と推測しただろう。ゴシップ好きな人なら、ヨセフ以外の男の存在を嗅ぎ回ったに違いない。当時の狭い付き合いのなかで、彼女はどれほど息苦しい思いをしたことだろう。それになにより、彼女に迫っていたのは気持ちの問題だけではなかった。

ある男と婚約した処女の娘がいて、別の男が町の中で彼女に目をつけ、彼女と寝たならば、二人を町の門のところに引き出し、石で打ちなさい。彼らは死なければならない。町の中で娘が助けを求めて叫ばず、男は隣人の妻を辱めたからである。あなたはこうして、あなたの中から悪を取り除きなさい。

申命記 22章23－24節

法は、とくに女性に対して「柔軟に」適応された可能性がある。マリアは事と次第によっては、婚約者ヨセフがいるにもかかわらず他の男の子どもを身籠ったとして、公衆の面前に引きずり出され、石を投げられ殺されていたかもしれなかった。

幸いにして彼女はそうならなかったわけであるが、マリアの陰に、言いがかりをつけられ殺されたであろう幾人もの女性たちの姿が透けて見える。聖書には次のような箇所もあるからだ。

イエスに言った。「先生、この女は姦淫をしているときに捕まりました。こうい

う女は石で打ち殺せと、モーセは律法の中で命じています。ところで、あなたはどうお考えになりますか。」イエスを試して、訴える口実を得るために、こう言ったのである。イエスはかがみ込み、指で地面になにか書いておられた。しかし、彼らがしつこく問い続けるので、イエスは身を起こして言われた。「あなたがたの中で罪を犯したことのない者が、まず、この女に石を投げなさい。」

ヨハネによる福音書 8章4－7節

古代社会にもその時代なりの祭りや娯楽があったことだろう。しかし移動の自由は現代では想像もできないほど限られていたはずだ。婚約中に「父親とは似ていない」息子を産んだマリアの居場所は、狭いコミュニティのどこにあったのだろうか。しかも育った息子は危険な活動に身を投じ、逮捕され、十字架で見せしめに殺されるのである。惨殺される息子を見守る、まだ復活を知らない母は、どのようなまなざしを彼に向けたのか。

波乱に満ちた生涯と物語

モーセやマリアの波乱に満ちた生涯を、聖書は「神の導き」の出来事として語る。だから信仰者はこれらの出来事が書かれた本を、聖書と呼ぶのである。だが、モーセにせよマリアにせよ、自分が聖なる出来事の渦中にあるなどと思っていられる余裕が、どこにあっただろう。

聖書に慣れ親しんだ信仰者は、結末を知りつつこれらの物語を読んでいる。聖書を読んだことのない人でも宗教画や映画などに描かれる、力強かったり清らかだったりするモーセやマリアなら知っているだろう。けれども、モーセにせよマリアにせよ、自分が生きているあいだは自分の未来を知ることができない。その点はあなたやわたしと同じだ。彼らはその瞬間瞬間を、ただ懸命に生きているにすぎない。彼らはわたしたち同様、弱さを持つふつうの人間である。

「これもまた、神の導きなんですかね」

そう呟いた瞬間、そう、その瞬間だけ、その人は自分の人生の読者になれたのかもしれない。自分の苦しみを、ある登場人物の苦しみとして、遠くから読むことができたのかもしれない。その人の苦しみは決して美化することなどできず、厳密に苦しみでしかない。げんに、その人は苦しみの渦中であえいでいるのだから。

だが、ほんの一瞬でも自分自身の物語の読者になれるとき。その人は自分の物語を、聖なる出来事として読むことができるのだ。なぜなら、あんなに振り回されたモーセも、あれほど危険にさらされたマリアも、それにイエスを裏切った末、ことさら絶望的な死をとげたユダさえもが、聖書として語られているからである。

第9章

他人と痛みを分かちあうために

「ずるい」という想いを認めることから

前科7犯、元ヤクザの牧師

進藤龍也という男と友人になった。彼はペンテコステ派の牧師で、わたしとは信仰の背景もかなり違う。むしろ、違うからだろう。強く惹かれるものを感じた。

彼は前科7犯の元ヤクザだ。だから牧師になって15年以上経つのに、たとえば教会の工事をするときなど、今なお銀行の融資を受けることができない。このような制約について、悔しさをにじませながらも彼は語る。「自分がしたことの果実だから」。どうやって立ち直れたのか、彼はしばしばメディアに露出して語る。彼にとってはそれもイエス・キリストの福音を伝道するためであるが、なかには複雑な思いをする人もいる。「さんざん悪さをしておいて、立ち直ったらもてはやされるのか。真面目に生きてきて、ぜんぜん注目されない人間もいるというのに」

進藤牧師が乗り越えてきたであろう壮絶な道のりを想いつつ、わたしは彼に深い敬意を抱いている。だが同時に、彼に対して複雑な思いをする人がいる、その気持ちも分かってしまう。なぜなら、わたし自身がまさにそういう感情を、彼と出遭うまで持ってきたひとりだからだ。

好き放題生きた弟と真面目に生きた兄

じつは聖書に、ずばりこの問題と向きあった物語が収録されている。実際に起こった事件ではなく、イエスのたとえ話である。こういうたとえ話を即興で作ってしまうイエスには、現代でいうところの小説家や脚本家のような才能があったのかもしれない。要約するとその妙味が失われてしまうので、少し長いがそのまま引用する。なお、読みやすいよう段落分けを適宜加えた。

ある人に息子が二人いた。弟のほうが父親に、「お父さん、私に財産の分け前をください」と言った。それで、父親は二人に身代を分けてやった。何日もたたないうちに、弟はなにもかもまとめて遠い国に旅立ち、そこで身を持ち崩して財産を無駄遣いしてしまった。

なにもかも使い果たしたとき、その地方にひどい飢饉が起こって、彼は食べるにも困り始めた。それで、その地方に住む裕福な人のところへ身を寄せたところ、その人は彼を畑にやって、豚の世話をさせた。彼は、豚の食べるいなご豆で腹を満たしたいほどであったが、食べ物をくれる人は誰もいなかった。そこで、彼は我に返って言った。「父のところには、あんなに大勢の雇い人がいて、有り余るほどのパンがあるのに、私はここで飢え死にしそうだ。ここをたち、父のところに行って言おう。『お父さん、私は天に対しても、またお父さんに対しても罪を犯しました。もう息子と呼ばれる資格はありません。雇い人の一人にしてください。』」

そこで、彼はそこをたち、父親のもとに行った。ところが、まだ遠く離れていたのに、父親は息子を見つけて、憐れに思い、走り寄って首を抱き、接吻した。息子は言った。「お父さん、私は天に対しても、またお父さんに対しても罪を犯しました。もう息子と呼ばれる資格はありません。」しかし、父親は僕《しもべ》たちに言った。「急いで、いちばん良い衣を持って来て、この子に着せ、手に指輪をはめてやり、足には履物を履かせなさい。それから、肥えた子牛を引いて来て屠《ほふ》りなさい。食べて祝おう。この息子は、死んでいたのに生き返り、いなくなっていたのに見つかったからだ。」そして、祝宴を始めた。

ところで、兄のほうは畑にいたが、家の近くに来ると、音楽や踊りの音が聞こえてきた。そこで、僕の一人を呼んで、これは一体何事かと尋ねた。僕は言った。「弟さんが帰って来られました。無事な姿で迎えたというので、お父上が肥えた子牛を屠られたのです。」兄は怒って家に入ろうとはせず、父親が出て来てなだめた。しかし、兄は父親に言った。「このとおり、私は何年もお父さんに仕えています。言いつけに背いたことは一度もありません。それなのに、私が友達と宴会をするために、子山羊一匹すらくれなかったではありませんか。ところが、あなたのあの息子が、娼婦どもと一緒にあなたの身代を食い潰して帰って来ると、肥えた子牛を屠ってやりになる。」すると、父親は言った。「子よ、お前はいつも私と一緒にいる。私のものは全部お前のものだ。だが、お前のあの弟は死んでいたのに生き返った。いなくなっていたのに見つかったのだ。喜び祝うのは当然ではないか。」

ルカによる福音書 15章11節−32節

「好きほうだいやってきた人間が赦されて幸福になれるのなら、真面目に生きてきた自分の地道な努力はなんだったんだ」

この感情を払拭することは多くの人にとってとても難しいし、払拭できないことは愚かでも未熟でもない。人間は太古の昔、社会というものを形成し始めたときから、いわゆるフリーライダー（タダ乗りする人間）に対しては敵意を持って排除することで、協働生活を維持してきたらしい。（アラ・ノレンザヤン著、藤井修平ほか訳『ビッグ・ゴッド　変容する宗教と協力・対立の心理学』誠信書房）

社会に更生できる場はあるか

たしかに、サボっている人間がすぐ横にいるのに、自分だけ真面目に働くのはあほらしい。その人間が罰せられないなら自分だってサボりたい。そうやって協働からの逸脱が連鎖していけば社会は崩壊する。そうならないよう、協働からの逸脱者には厳罰をもって臨む——なるほど、理にかなった推測だと思う。

しかしイエスのたとえ話は、フリーライダーへの厳罰則に逆らっているようにみえる。生き直そうとする放蕩息子に対して処罰ではなく、再び幸福になれるチャンスを与えるのだから。このような発想はキリスト教に限らないかもしれない。わたしは仏典に疎いが、おそらくブッダの教えを信じて出家した人にも、犯罪など重い過去を背負う人がいたはずである。フリーライダーを赦さないことが原則の社会において、フリーライドしてしまった過去をリセットする機能が（すべてではないかもしれないが、かなりの）宗教にはあるように思う。

放蕩息子の話を教会で聞くとき、たいていの人は放蕩息子に注目するし、自身の不信仰を彼に投影するだろう。だがその人はよほどの経験をしていない限り、社会的には放蕩息子ではなく兄のほうである。かつてのわたしにとっても、法的に逸脱した過去を持つ人はテレビニュースの向こうにいた。

わたしを含めた多くの人々は、報道を通して事件に注目し、怒りや悲しみを覚える。しかし、罪を犯した彼ら彼女らが少年院や刑務所のなかでどのような服役をし、出所後はどんな生活をしているのか、わたしたちはほとんど知らないし、興味を持つこともない。痛ましいニュースを見て感情を揺さぶられても、それは一時的にすぎず、忙しい生活のなかですぐに忘れてしまう。わたしたちには放蕩息子の受けた報いを、具体的に想像することが難しいのである。

しかしときには進藤牧師のように、元受刑者がみずから発信したり、取材を受けたりする場面に遭遇することもある。そのとき、前科なく生きてきた人が、犯罪から更生した人を見て、どろっとしたものを覚えるのだ。

「更生したらこんなに評価されるのか。自分はいっさい法を犯さず生きているが、仕事は厳しく、家にも居場所がない。でも、誰も『頑張っているね』なんて言ってくれない。元犯罪者がこんなに褒められるなんて、真面目に生きていることがあほらしい」

法を犯していないからといって余裕のある生活ができているとは限らない。このように苛立つことは生理的というか、直感的な現象であると、わたしは思っている。もしもこの苛立ちを頭ごなしに「更生者への差別だ」と否定するなら、更生への社会的理解や受容はますます遠ざかるだろう。

たしかに、努力することや真面目であることは、人から褒められるためにする行為ではない。とはいえ、である。自分の努力が他人から自明視され、いや、そもそも努力しているとすら認知されず、いくら頑張っても、その頑張りがいっこうに注目も、ましてや評価もされない。よりにもよってそんなときに、以前は努力していなかった人間が、いざ頑張りだしたら注目され、高い評価を受けているのが目に入ってくる。これまで真面目に生きてきた人は、「それはないだろう」という感情さえ抱いてはいけないのだろうか。むしろ、放蕩息子の兄のような感情が起こることを想定して、兄から見た弟の再起について考えるほうが現実的である。

ふだん不真面目にしか見えない人が、尻に火がついて頑張ってみたところ、「やればできるじゃない！」と評価されたとき。あるいは、過去にさんざん好き放題やったあげくに回心した人の、その回心がドラマティックに紹介されたとき。そんなときに湧き起こる「じゃあずっと頑張ってきて、誰からも感謝されないわたしは？」という疎外感。こんなことを書いている、まさにこのわたしにも根強くこびりついている感覚。わたしはその感覚を正直に認めたうえで、他者の更生について考えたいのである。

罪という概念

わたしは放蕩息子ではなく、その兄である――そのように聖書を読むと、放蕩の限りを尽くした弟と、父親の言うまま真面目に働いてきた兄との関係や、なぜ兄があんなに怒るのかが、ぜんぜん違ったふうに見えてくる。

そもそも放蕩息子はなぜ実家を出奔したのか。その理由をイエスは語らない。教会でこの話が読まれるとき、わたしたちもそこまで注意がいかない。だがイエスなら、そこは語らなくても意識はしていただろう。父親のもとから出奔せずにはおれなかった、息子の苦しい思いを。彼は結果として放蕩の限りを尽くした。なにもかもうまくいかなかったわけだ。

キリスト教には罪という概念があるが、もとのギリシャ語を遡ると、それは戦争で槍を投げて、敵に命中しないことをいうらしい。「的外れ」ということだ。戦争であれ競技であれ、槍をふざけて投げる者などおるまい。本気で投げるだろう。だが目標には届かず、ぜんぜん意味のないところへ槍が突き刺さる。それでも、結果はどうあれ、その人が真剣勝負で槍を投げたことに変わりはない。放蕩息子の放蕩とは、そのふざけきった見かけにもかかわらず、彼の真剣勝負だった可能性はないだろうか。

先述したように、進藤牧師には7犯の前科がある。その詳細については、ぜひ彼の著作を読んでもらいたい。彼の前科について、わたしは当事者ではなく他人だからこそ、一つ言えることがある。それは、彼はヤクザになったときにも、彼なりに真剣な思いで、全力で槍を投げたのだということ。

進藤牧師の書斎には書物がところ狭しと並んでいる。現在の彼は学ぶこと、知ること、祈ることの喜びを知っている。そういう世界に今の彼は生きている。だが、ヤクザになった頃の進藤少年の周りには、そういう世界があることを教えてくれる大人は誰もいなかった。本を読んだら楽しいかもしれないこと。教会に行ったら心が落ち着くかもしれないこと。喧嘩以外に物事を解決できる方法があること……。

そういう多様な世界が存在することを、彼は知らなかった。彼は、彼の知っている力の世界のなかで、真剣勝負で力を振るおうとして、敗れた。槍を投げても投げても、ことごとく的を外した。彼が犯した罪は法的に裁かれた。そして彼はおのれの行いを法的に償った。

だが法的な側面はともかく、彼の歩んできた人生におけるいくつもの過ちは、そのなにもかもが彼たったひとりの責任に帰されるものなのか。わたしには、どうしてもそうは思えないのである。

あなたも黙殺されてきたひとりなのだ

今、社会には余裕がない。低賃金、重労働。恋愛や結婚の機会のなさ、孤立。苦しんではいるが法を遵守するマジョリティであるがゆえに、誰からも気にかけてもらえない人々。そういう人々が、あるマイノリティに光が当たり応援されている姿を目の当たりにしたとき、強い怒りや悲しみを抱くことがある。わたしだって苦しいんだ。でも、誰も助けてくれないんだ。なぜお前らだけ頑張りが評価されるんだ。わたしは認めないぞ、なにがマイノリティだ――インターネットには、弟の放蕩およびそこからの帰還を決して赦さず認めることのない、真面目な兄たちの悲痛な叫びがあふれている。

これらの叫びを「不寛容だ。マイノリティを差別し、抑圧しようとしている」と黙らせようとするなら、たしかに彼ら彼女らは黙るだろう。なぜならこの人たちは真面目だから。だが、そのはらわたは煮えくり返るだろう。いちど煮えくり返ったはらわたは、挫折した人間が生き直そうとすることを決して赦さず、認めないだろう。

父親のそばで黙々と働いてきた兄は、弟が帰還したとき初めて怒りを露わにした。だが、怒りを露わにしたのはこのときが初めてであったとしても、彼の心中はどうだったのか。兄は過酷な重労働に耐えてきた。だがこのときまで彼は父親から「子よ、お前はいつも私と一緒にいる。私のものは全部お前のものだ。」という言葉を聞いたことがなかった。父親にとってそれは当たり前のことで、わざわざ言う必要もないことだったのだろう。だが兄からすれば、その一言こそが大切であった。その一言を、もっと前に言ってほしかったのだ。

前科がある人。あるいは、法には触れていなくても社会的に見放された人。そういう人がやり直し、生き直しをはかるとき、それは放蕩息子の帰還に似ている。生き直そうとする人を受け入れる側の人々は、放蕩息子の兄である。帰還した弟に兄が「たいへんだったね。おれに協力できることはないか」と言えるようになるためには、兄のほうもまた父親から「子よ、お前はいつも私と一緒にいる。私のものは全部お前のものだ。」という肯定的な評価を、ふだんから分かるかたちで受けている必要がある。弟が帰還したとき初めて言われるのでは、遅すぎるのだ。

元受刑者や、かつて世間の顰蹙《ひんしゅく》を買った人の社会復帰に、複雑な思いを抱いている人。その人にわたしは心から「おつかれさまです」と言いたい。あなたのその感情は決して間違っていない。なぜなら、あなたもまた黙殺されてきたのだから。でも、あなたが簡単には受け入れ難いと思っている、その一人ひとりにも、頑張ったのに報われなかったり、どう頑張ったらいいのか分からず苦しかった過去がある。だから一緒に頑張ろう――わたしはそう、声をかけたい。

人は何歳からおじさんやおばさんになるのだろう？

諦めることで始まる冒険

もう2年ほど前になるだろうか、その人が初めて教会に来たのは。わたしと同い年くらいなので、おじさんである。礼拝にもときどきは来るが、むしろ平日、仕事が早上がりした後に、彼はやってくる。

紆余曲折を経て、今はひとり身である。つらいこと、苦しいこと……ときどき教会にやってきては、彼はわたしに話してくれた。バナナやキャベツ、だしの素なんかを差し入れてくれたこともある。

そんな彼が最近、若い頃からずっとやりたかったことを始めた。それがあんまり嬉しいので、詳しく書きたくてうずうずするのだが、プライバシーのこともあるし我慢する。

彼は若い頃いったん諦めたことに、かたちは違うとはいえ、もういちど挑戦し始めたのだった。いや、それはもはや「再」挑戦ではない。今よりも自由がきいた若い頃とはやり方も違うし、年齢すなわち積み重ねてきたものも違う。そういう意味で、今回のことはたんなる繰り返しではない。まったく新しい、未知の冒険である。だからこそわたしは、このおじさんの取り組みを心から応援したいと思う。

わたしは今50歳である。彼も同じくらいだ。そういえば、わたしは何歳からおじさんになったのだろう。とにかく今はどう考えても、自分のことを若者と呼ぶのはおかしいと感じる。じゃあ、何歳からわたしは若者でなくなったのだろう。

ひきこもりを脱し、ようやく牧師という仕事に就いた32歳頃だろうか。それとも、世話好きの知人に紹介され、お見合い結婚をした34歳の春、わたしはおじさんになったのか。だがあの頃はまだまだ、自分は若いと感じていたように思う。

昔の人なら、そう、たとえばわたしの父なら、わたしを含めた子どもたちが生まれ、母と共に子育ての責任を持つようになったとき、自分のことを少なくとも父親だと思うようにはなっただろう。記憶のなかにある父はたしかに若々しかったが、若づくりはしていなかった。父は自分のことを若者とは感じていなかったはずだ。そもそも、若造と思われることを嫌っていたふしがある。父はその振る舞いから、実年齢以上に、自身を老けて見せたかったのではないかとさえ思う。

わたしには子どもがいないので、父としての役目を引き受けるような、通過儀礼的なものがない。ただ、はっきりと自分がおじさんであると自覚した時期がある。それが、精神の調子を崩し閉鎖病棟に入院した、42歳の初夏であった。

わたしは病棟内で43歳の誕生日を迎えた。詳しいことは拙著『牧師、閉鎖病棟に入る。』に書いてあるので割愛するが、要するにそこでわたしに求められたことは、これまでの思い込みを脱すること、価値観を方向転換することであった。

その際重要だったのが、いろいろ諦めることだった。この諦めるという作業を通して、わたしは自分が年相応のおじさんであることを、自覚するようになっていったのである。

もっと若い頃に精神障害があると分かり、治療を始めていればよかったとか、あの頃に分かっていればこうすることができたとか。40代にもなって入院したわたしは後悔ばかりしていた。

40を過ぎて、今さら自分の価値観を変える？　いったいどうしろというのか。わたしは同世代の友人知人のことを思い浮かべた。苦労して会社で働き、結婚し、子どものことであれこれ悩みながら、つつましい生活をしている。大地にしっかり足を踏ん張る彼ら彼女らは、これまでの価値観を変えるのではなく、さらに深める時期にさしかかっていた。ところがわたしにはそれが赦されていなかった。わたしは生き延びるために一から自分を見つめ直し、再構築する必要に迫られた。

聖書の続きを生きている人たち

冒頭のおじさんもそうだった。彼はわたしと違って精神障害ではなかったし、中間管理職として会社にも毎日出勤していた。だが彼はとてもつらい事情をひとり抱え込み、自分のことを「社会のレールから外れてしまった」と強く責めていた。はたから見ていて、ほんとうに心が痛んだ。彼が初めて教会にやってきて、わたしに苦しみを吐露したとき。わたしは聖書の詩編にある、こんな言葉を想いだしていた。

悪意のある証人が立ち上がり
身に覚えのないことばかりを問い詰める。
彼らは私の善に悪をもって報い
私の魂を不毛なものにした。

詩編35篇11－12節

誠実に生きていても、報われない。それどころか、「なぜそんなことを」と非難をされてしまう。聖書で嘆かれている嘆きを、目の前の人が嘆く。聖書は一冊の書物だ。だがじつは終わっていない。聖書は綴じられてはいるが、閉じてはいない。目の前に、聖書の続きを生

きている人がいる。

彼は物静かな人で、泣いたりわめいたりすることは一切なく、むしろ笑顔さえ見せながらわたしに事情を話した。だが、その笑顔には寂しさが滲み出ていた。自分は完全に、生き方を間違えてしまったと。もうどうすることもできないじゃないかと。今さらなにができるのかと。

そんなおじさんとわたしとは、かれこれ2年以上付き合いを持っている。そういうなかでの冒頭の出来事であった。彼は苦しみぬいた末に、若い頃いちど諦めたことを、今の仕事を続けながら地味に、しかし確実にやり始める道を選んだ。

しかしそれは、いちど深い挫折の痛みを経験し、その傷痕を抱えたうえでの、青春時代とは一味も二味も違う、静かな喜びを伴う出発なのである。この静かな喜びは、若い頃には決して味わうことができなかっただろう。

だからわたしは、それがまるで自分のことのように嬉しかったのだ。かたちはぜんぜん違うけれども、わたしもまた精神科の閉鎖病棟のなかで、自分がもはや若者ではなくおじさんであることを知り、変化を促され、勇気を出して一歩踏み出したからである。若い頃の勢いある跳躍ではなく、ただたどしい一歩を。


人は何歳からおじさんやおばさんになるのか。正確には分からない。人によっても違うと思う。ただ、わたしなりに感じることを言わせていただければ、おじさんやおばさんになるのは、若い頃に持っていた夢や希望——具体的なそれらでなくても、そういう夢や希望を持つことができるという可能性そのもの——を諦める、そのつらさを知ったときからなのではないか。

いきなり挫折が襲ってくることもあるだろう。なにかの試験に失敗したり、外的な災難に襲われたり。あるいは、幸せに見える出来事のなかで、ひとりひそかに夢を諦めることだってあるだろう。結婚や出産を優先するため、長年追いかけてきた夢を諦めざるを得なかった、そんな人たちの話を聞かせてもらうこともあった。

一方で、具体的な「これを諦めた」という自覚を伴わないこともあるだろう。年齢を重ねていくなかで不意に振り返ると、たくさんのものを諦め捨ててきたことに気づき愕然とする。それもまた苦しいことである。

諦めるつらさ、人生の苦みを味わったとき、人は自分がもはや若者ではなく、おじさん、あるいはおばさんになったと気づくのかもしれない。

「何歳からでもやり直せる」とはいう。しかしそれがどれほど難しいことかは、わたしも閉鎖病棟で痛いほど味わわされたことだ。「何歳からでもやり直せる」という言葉があまりにも空虚だからこそ、人は多くのものを諦め、手放しながら生きていくしかないのである。

そもそも「何歳からでもやり直せる」という表現は、あまりにもドラマティックすぎる。

一念発起、起業して大成功を収めるとか。一発逆転、ぜんぜん違う分野で高い評価を得るとか。自己啓発本にありそうな、そういう「何歳からでもやり直せる」。そんなことができるのは、ひと握りの人だけであろう。

おじさんが話してくれたことは、そういうことではなかった。プライバシーのため話せないが、もしも話せたとしてもほとんどの人が「なんだ、そんなことか」と思う程度の、ごくささやかな挑戦である。だが、その人がそれを始めるまでに、膨大な苦労と苦悩があったのだ。それがぎゅっと詰まった「ささやか」である。

彼と2年ほどにわたる時間を共有してきたわたしにとって、それは輝かしい挑戦、大いなる冒険に見える。なぜならわたし自身、やはりささやかながら、わたしにとっては至難の業である価値観の転換を迫られ、それに挑戦し続けてきたからだ。転換はおおむね終わったのか、それともまだまだ転換が必要なのか。それはわたしにもよく分からないのだが。

不純な動機で善行をするのはだめ？

偽善でなにが悪いのか

大人になると、子どもの頃に学校で決められていた、髪型だの制服だのといった校則のような成文法は意識しなくなる。せいぜいスピード違反や信号無視で罰金を払うとき、道路交通法を想いだすくらいだろうか。

もちろんわたしたちには憲法もあれば法律や条例もあるのだが、日常生活のなかでそれらを意識する場面はあまりない。わたしはといえば、憲法の有名な箇所すらちゃんと覚えているか、あやしいものだ。

社則が厳しい仕事をしている人であっても、休暇は自由に過ごすだろう。かつては学校の先生が放課後や休日などに、生徒が不良行為をしていないか、繁華街を見回る時代もあった。

けれども、そんな学生みたいに仕事外の時間まで監視される労働者は、今どき「原則的には」いないだろう（実質上それに等しい拘束を受けている方もおられるでしょう。ほんとうにおつかれさまです）。

ところで、大人になって校則がなくなり自由で嬉しい半面、自由であることに疲れることはないだろうか。

以前、知人から小耳にはさんで驚いた。車にはねられ倒れている人を、皆が素通りしていく動画があるらしい。直感的には残酷と感じる。

だが、ちょっと想像してみる。「倒れている人を助けないと罰則が適用されます」という決まりはない。決まりがないなかで、それでも時間と手間を割いて、このわたしがその人を助ける義務もないわけだ。なにしろわたし以外にもおおぜいの人が歩いているのだから。

わたしでなくても、ほかの誰かが助けてくれるだろう。そう思うか思わないかのうちに、わたしはその場から立ち去り始めている。いや、そんなことをあれこれ考えるよりも先に、無関心がわたしの身体を他所へと運んでいく……。わたしは動画の人々を残酷だといえるのだろうか。

福音書を読んでいると、イエス・キリストの論敵としてファリサイ派と呼ばれる人々が登場する。聖書や口伝の律法を日常生活に適用し、神の与えた法に忠実に、罪に穢れないよう生きていこうとする人々である。特別な人々ではなく、当時のユダヤ教諸派のなかの一派であり、構成員の多くは、いわゆる平信徒だったらしい。福音書には他にもサドカイ派というのも出てきたりするが、どの宗教であれ、ある程度人数が増えれば派閥に分かれるものだ。

ちなみにキリスト教の世界では、このファリサイ派という呼称を、良い意味では使ってこなかった。たとえば「あの人はファリサイ派的だ」と言うとき、それは批判であって賞賛ではない。自らの敬虔さに安住し、伝統や決まりごとにこだわり、それらを守らなかったり異を唱えたりする他人を蔑む(とみなされた)人のことを「あの人はファリサイ派的だ」と批判するわけである。

けれども、ファリサイ派の言いぶんにも耳を傾けないといけない。聖書ではイエスの論敵として登場するファリサイ派であるが、彼らはローマ帝国の支配と文化的侵襲から、ユダヤ人社会を守ろうとした人々でもあった。その方法こそ、信仰を法的に自覚することだったのだ。自分たちは何者か。自分たちは神を信じる者ではないか。ならば神の法を守らねばならぬ。ローマに屈してはならぬ。ローマ的なものを排除せねばならぬ――そう解釈してみると、「信仰の掟で人々を縛りつけようとする愚かな連中」というファリサイ派のイメージが、いかに的外れであるかが分かる。

なにを言いたいのかというと、彼らは信仰に基づいて法を守っていたのであり、また、法を守ることが信仰であったということである。わたしたち現代人がやたらと気にする、「ほんとうはどう思っているの？」ということは、ほとんど関係がない。あなたが法に従い正しいことをしているか、ただそれだけが問題である——それがファリサイ派の、じつにシンプルな規準であった。そして、その法のなかには次のようなものもあった。

寄留者を虐待してはならない。抑圧してはならない。あなたがたもエジプトの地で寄留者だったからである。いかなる寡婦も孤児も苦しめてはならない。（中略）あなたのところにいる私の民、貧しい者たちに金を貸すときは、彼に対して高利貸しのようになってはならない。彼から利息を取ってはならない。もしあなたの隣人の上着を質に取るようなことがあっても、日が沈むまでに彼に返さなければならない。それは、彼のただ一つの服、肌を覆う上着だからである。彼はほかになにを着て寝ることができるだろうか。彼が私に向かって叫ぶとき、私はそれを聞き入れる。私は憐れみ深いからである。

出エジプト記22章20－21節、24－26節

繰り返すが、この聖書の箇所はファリサイ派の人々にとって法にあたるものだ。そして法の根拠は議会や裁判所ではなく、神である。法で決まっている以上、相手のことが気に入らなくても、それどころか大嫌いであっても、その人が困窮していたら助けなければならない。

なにしろ決まりなのだから。

わたしはここで、ある出来事を想いださずにおれない。

いきがかり上、わたしは外出先でホームレスと関わりになった。彼女が「モスクに行きたい」と言う。そこへ行けば食べ物を分けてくれるからである。正直わたしは疲れており、帰宅したかった。家とは逆方向のモスクには行きたくなかった。しかしわたしはファリサイ派的に彼女に同行し、モスクへと向かった。モスクにたどり着くと、わたしは中から出てきた男性に「彼女に食べ物をくれませんか」と頼んだ。その人はニコリともせず「分かった」とだけ呟くと、建物に消えた。

やがて別の女性が、なにかピラフのような食べ物を二皿、持ってきた。彼女も不機嫌そうに「んっ」と、わたしとホームレスの女性に皿を突き出すと、またすぐモスクに戻った。残されたわたしたちは、そのピラフのような食べ物をモスクの玄関先で立ち食いした。困憊し、立っているのもやっとなわたしの胃袋に、辛味が沁みた。

彼らイスラム教徒はアッラーへの信仰において、イスラムの法に従い、わたしたちに食事を施したのだ。個人的善意からではなかったと思う。

ファリサイ派だって、つねに喜んで善行を行ったわけではないだろう。それに、誰でもが他人を助けられる余裕を持っていたはずもなかろう。困っている人を見ても、見ぬふりをする者もいたかもしれない。言いぬけるための詭弁もさまざまにあったことは想像にかたくない。

けれども一方で、現代の我々には想像もできないほどリアルに、ファリサイ派の人々は神のまなざしを感じてもいた。

彼らは「神が見ておられるのだから」と、いやいやながらも他人を助けることがあっただろう。公的福祉にあたるものがほとんど存在しなかった時代、偽善であろうがなんであろうが、それで助かる人もいたはずである。

嫌だけれど仕方なくやることの意味

ツイッターを見ていると、苦しんでいる人々のあいだで「わたしのほうがもっと苦しい」と、苦しみの争奪戦が起こるのを見かける。そういう場面で「たいへんですね。わたしになにかできることはありませんか」と声をかけることは難しい。

なぜなら、誰もが余裕のない生活を生きているからである。他人のことなど思いやっている暇はない。自分がいちばん苦しいのだから。

それともう一つ、わたしは理由があると思っている。それは自由であるということ、これである。「他人を思いやれ」という法も、神という外部の目も存在せず、善行があくまで自らの自由意志のみによらねばならないとき。人はどこまで自発的に、見知らぬ他人を思いやることができるのか。ましてや見知らぬ他人がこのわたしよりも苦しいことを、どうやって自発的に認められるのか。

なぜ、苦しいわたしが、わたしよりも楽な人間のことを思いやらなければならないのか。そんな決まりでもあるのか。まずはわたしを――それが自然な感情の傾きというものであろう。


わたしは礼拝を執り行う以外に、さまざまな人の苦しみに耳を傾けてもいる。やりがいを感じることもあるにはあるが、疲れることのほうが多い気もする。

正直に告白すれば、ときには「なんでこんな話を延々と聞いているんだろう」と、冷めた気持ちになることもある。それでもわたしはやっている。「神がわたしにそうしろと命じている」と信じているからだ。

ファリサイ派よりもはるかに曖昧で、ゆるいものでしかないが、それでも、わたしもまた神の掟あるいは法というものが、なんらかの仕方でわたしを縛っていると信じている。誰かが目の前で呻いているとき、それを見て見ぬふりすることを神が赦してくれない。だから、ときにはいやいやながらも他人と関わる。

「なんだお前、善意じゃないのか。嫌だけど仕方なくやってやってるっていうのか」

あなたは不快に思うかもしれない。そうだ。わたしは冷血漢である。自由意志や使命感で、こんな仕事は続かない。神の決まりごとに縛られているから、わたしは真夜中の電話にも出てしまうのだ。さすがに最近は限界がきてしまい、「神さま、せめて教会に来れる人だけにしてください」と、電話のみの相談はお断りさせてもらっているのだが。

終章

弱音をはきながら生きる

他人を妬む気持ちはなくならない

スポーツ万能でハンサムな友人

自分の恥ずかしいことを語ろうと思う。恥ずかしいことを恥ずかしいと自覚しつつ、なお語るというのは、自虐的な感じもする。けれども、自虐が目的ではない。

ある友人がいみじくも「ねっちょりと気持ち悪いこと」と表現したような、こういう部類の話が、誰でももっと大っぴらに話せる世のなかになったら生きやすいのに……そんなささやかな願いを込めて、恥をしのんで語らせていただく。

ここに至るまで、わたしは繰り返し「妬み」をテーマに語ってきた。なぜなら、他でもないこのわたし自身、大人になる前後からずっと苦しんできたことが、なによりも他人への妬みだったからである。妬みを初めて強く意識したのは高校生のときだった。

スポーツ万能でハンサムで、しかし勉強はからっきしだめだが陽気で、男女関係なく友人も多い、わたしより学年は一つ下の知りあいがいた。わたしはといえば運動部にいながら運動音痴で、せめて勉強の成績がいいことだけが、そのちっぽけなプライドを支えていた。

あるとき、校内で駅伝大会みたいなものがあった。彼はわたしとは違うチームにいた。スポーツ音痴とはいえ、走ることだけはそれなりにできたわたしは、たすきを受け取ると勇んで走りだした。一方、いつもどおりリラックスしきっている彼は、わたしよりだいぶ後からたすきを受け取った。ところが軽やかな足どりでわたしに追いつくと、彼はわたしに会釈しながら、じつに爽やかに追い抜いていった。わたしがどんなに頑張って走り、追いつこうとしても、彼の背中はみるみる遠く、小さくなるばかりであった。とうとう彼の姿は見えなくなり、わたしは息切れをして歩きだした。

わたしは医者になりたかった。けれども成績を維持するプレッシャーで精神を病み、高校を中退し、大検を受け、浪人もしたあげく、けっきょく夢は果たせなかった。一方で、一つ年下の彼はそのあいだに、悠々と現役で国立大学の医学部に合格した。彼は進学においてもわたしを追い越していった。

彼の大学合格を知らされたときの、地面をのたうち転げ回るような気持ち。勉強はからっきしなはずではなかったのか。わたしは猛勉強したのに、精神を病んで高校をやめた。今やみじめなひきこもり。努力が原因で精神を病むなんて本末転倒だな……自嘲せずにはおれなかった。

なぜ彼にはなにもかもがあっさり突破できて、わたしにはことごとくできないのか……そんなことを考えている暇があれば、さっさと気持ちを切り替えてやれることがあったはずなのだが、わたしがこの感情に整理をつけるためには長い時間が必要であった。

牧師になってからも妬みはついて回った。否、牧師になってからこそが問題であった。わたしは神学部の同級生や先輩、指導教授たちに「神に命じられた場所がわたしの任地です。日本中どこでも参ります」と公言していた。しかし内心はその正反対であった。

「なぜ、彼や彼女は都会の教会に赴任できて、わたしは地方の教会なのか。わたしは神学部でも最優秀の成績だったではないか」。地方在住者に対する完全な蔑視であって、一切言い逃れができない(「地方」という言い方にすら語弊があるくらいだ)。繰り返すが、おのれのうちに燻《くすぶ》っていた差別的なことも含めて、あらゆる醜悪さをさらけ出して語ろうと思う。

牧師になって、つまり宗教の教えを人さまに語る立場になってさえ、「都市部の、遊ぶところもいっぱいあって活気のある、しかも給料のいい、安定した大きな教会に行けるやつが妬ましい」と。そういう、にちゃっとしたものが身体のあちこちにくっつき、とれなかった。

妬み深い自分に語られた言葉

妬みが最高潮に達したのは、無任所すなわち任地を失い無職となったときであった。食いつなぐために結婚式場で牧師役をしたことがある。

面接をしたスタッフは、じつにあっさりと言った。「白人の牧師が人気です。白人の牧師が多忙で手配できないとき、先生に来ていただきます」。白人の代わり。「白人は予約がいっぱいか。仕方ない、日本人で我慢するか」と。そうやってしぶしぶ雇われる牧師。屈辱的であった。おれだって本当は教会で働ける能力があるんだぞ。こんなホテルのチャペルなんかで終わるような人間じゃないんだぞっ。

それでもわたしは精いっぱい意地を張った。「白人に負けてたまるかっ」。結婚式場が指定した5分で、わたしは考えに考え準備した聖書に基づく愛の話を、新郎新婦にみっちりと語った。

チャペルの仕事は一回につき交通費込みで1万円。ブライダルセールなら5千円。しかも白人の手配ができないときだけ。これでは生活ができない。わたしは郵便局で配達のアルバイトを始めることにした。

慣れない仕事でミスを連発しては「アホかッ」「死ねカス」と毎日怒鳴られる。毎朝、疲れの取れない身体をひきずって、どうにか駅のホームに立つ。入ってくる電車を眺めながら「もういい、なにもかも」。なんど線路へ吸い込まれそうになったか。

そんなときに通う日曜の礼拝がまた、つらかった。最初に言っておくが、教会の側にはなんの落ち度もない。わたしにとってつらかっただけだ。なにがつらかったか。わたしよりもだいぶ若い牧師が、都会にある、わたしが働いていたよりもはるかにきれいな、そして大きな礼拝堂で、わたしが相手をしたこともないほどの大人数を前にして、堂々と聖書の話をしている。そして品のある落ち着いた振る舞いで、信徒や来会者と接している。髪もきれいに整えられたその顔には清潔感があり、きれいな肌をしていた。それを目にすることが、背中を丸めてこそこそ礼拝堂に入る、わたしには耐え難かった。

わたしは無職になる前、教会で毎月のように信徒とトラブルを起こしていた。顔は膿んだ吹き出ものだらけ、いつもビクビクして小刻みに身体を動かし、早口で喋り、姿勢は悪かった。気品ある堂々とした振る舞い……わたしには遠いことであった。毎日毎日、教会の財政のこと、わたしに幻滅し去っていく信徒のことで頭を抱えていた。

無職になればなったで、病気で臥せりがちな妻のために家事をこなし、アルバイトをすることに疲れ果てていた。一方で、わたしより若いその牧師も、彼の妻も血色よく美しく、子どもたちは健やかであった。わたしにとっての理想的な「聖家族」が目の前にあった。

自分が不潔で汚らしいものに感じられた。妻から子どもを望まれても、子づくりをする気力すら湧かなかった。子どもができないことで、わたしは妻をますます追いつめ、彼女の自信を失わせた。

「あなたがたも聞いているとおり、『姦淫するな』と命じられている。しかし、私は言っておく。情欲を抱いて女を見る者は誰でも、すでに心の中で姦淫を犯したのである。右の目があなたをつまずかせるなら、えぐり出して捨てなさい。体の一部がなくなっても、全身がゲヘナに投げ込まれないほうがましである。右の手があなたをつまずかせるなら、切り取って捨てなさい。体の一部がなくなっても、全身がゲヘナに落ちないほうがましである。」

マタイによる福音書 5章27－30節

イエスのこの言葉が、つねに他人を意識し、他人を羨んでばかりいる妬み深いわたしには、まるで自分に向けて語りかけられているように響くのであった。というのも、モーセに示された戒めには、こうあるからだ。

——隣人の家を欲してはならない。隣人の妻、男女の奴隷、牛とろばなど、隣人のも——

――のを一切欲してはならない。

出エジプト記20章17節――

女性や奴隷、牛やろばなどに対して、物欲を抱くなと言っているのではない。「隣人の」それらを欲するなと神は我々に戒めたのである。神がわたしに語りかけるのが聴こえてくる。

「お前だ。お前に言っているんだよ。聞いてる？」

この牧師はわたしより能力がないはずだ。説教ならおれのほうがずっとうまいぞ。それにキリスト教への探求心だって。牧師の家に生まれ育ち、物心ついたらクリスチャンで、信仰が自明だった彼よりも、自分で決断して教会に行くようになった、おれのほうが繊細で深い。おれにとっては自明なことなんかなに一つない。おれは彼と違って、真理の探求者なんだ。

この牧師にはとうていかなわない。牧師家庭で育った彼は、世襲の歌舞伎役者のようだ。言葉には表現し難い、振る舞いの端々に表れでる素養の深さ。わたしがどれだけ真似しようとしても、決して真似できないもの。わたしのようなぽっと出とは、言葉遣いの深慮からして格が違う。思ったことをすぐ口にしてしまう、わたしの軽薄な下品さときたら！

わたしは隣人、すなわち自分と近しい彼を妬んだ。子どもたちを見守り、信徒とは談笑しつつ、目を細める彼。その鷹揚とした振る舞いからは、漲る自信があふれてくる。わたしは彼の堂々たる姿を羨んだ。教会は情報公開がしっかりしていたので、彼が生活の資をいくらもらっているのか分かった。彼はわたしを賓客として遇し、その住まいに招いてくれた。わたしは財産が欲しかったのではなく、彼が受け取る給料を、彼の洗練された牧師館を、彼の片づいた、蚊の飛び交っていない書斎を欲した。

そしてわたしは、やさしく声をかけてくれる彼の妻を欲した。わたしは彼女の首筋や腰を、ねっとりと目で追った。おだやかで知性にあふれ、健康的な彼女に、わたしは病身の妻には見いだせないものを見いだそうとした。彼女の質素だが洗練された装いや、抑制の利いた知的な言葉遣いに、わたしはかつて官能小説で読んだ劣情を覚えた。

わたしはことごとく、すでに誰かのものである地位、すでに誰かと親密である他者を欲望した。女性一般にではなく、臥せっている妻にでもなく、健康な他人の妻に欲情した。既婚女性を男性の持ち物と見なし、妻を自分の所有物として扱い、両者を比較するという愚を犯した。こんな話など聞くに堪えない読者もおられるだろうが、どうか最後まで読んでもらいたい。先にも語った。涙を誘う、絵になる罪の告白と、嫌悪感を催すだけの、醜い罪の告白とがあると。わたしの罪の告白は、口臭や体臭がただよい、皮脂がてかる、生理的に気持ち悪いものだ。清潔な言葉で洗浄され、昇華された信仰告白ではない。

妬みは消失していない、鎮静化されているだけである

わたしは今のところ落ち着き、さも牧師然と振る舞っている。妻とは人格ある他者として

向きあおうと努めてもいる。それがどの程度できているかは分からないが。よその教会のことも、よその牧師のことも、ましてやそのパートナーのことも、現在はぜんぜん気にならない。たとえばあの牧師夫妻についても、彼らには彼らの、わたしには分からない重圧があったであろうこと。困窮のきわみにいたわたしたち夫婦を、――わたしたちに気遣わせないよう配慮もしつつ――住まいや仕事先の紹介など、具体的に支援しようと精いっぱい模索してくれたこと。そしてなにより、屈託のない笑顔でわたしたちを歓待してくれたこと。それらのことを、今は心からの感謝と、深い敬意を持って想像することができる。異性に対して性的な欲望を抱くことは、たしかに今もある。だが、かつての身を焼くような苦しみは、もうない（たんに老いただけかもしれないが）。

では、わたしは克服できたのだろうか、これらの情念を。妬みを客観視できるほどの悟りへと至ったのか。否！　断じて否。環境がわたしを落ち着かせただけのことである。誰かを妬む必要のない、落ち着いた暮らしのできる環境。他人の目を気にすることなく出かけられる、東京という場所。大金持ちでもないが、あの無職やアルバイト時代のような赤貧でもない経済状態。わたしだけでなく妻も、これら諸条件の恩恵あってこそ、今はまずまず落ち着いた生活ができているのだ。

なによりも妻は今、笑顔である。笑っている妻がいる。笑っている彼女と、ときどきなにか踏んづける程度には散らかった六畳の部屋で、そんなことを気にもかけず、二人インスタントコーヒーを啜っている。マグカップは元気になった彼女がわたしに買ってくれたもの。これで誰に妬みを覚えようというのか。

　わたしは妬みを克服したのではない。妬まなくてもよい環境を、与えてもらったのである。そんな都合のよい条件を与えてもらえるわたしは特権階級であり、既得権益層である。そのことを、わたしは肝に銘じている。わたしの他人に対する妬みは、これらの環境的恩恵によって鎮静されているのであって、消失したのではない。

　わたしが目の前の人に耳を傾け、祈り、必要とあれば専門機関につなぐのは——もちろんその人と向き合っているとき、理由など考えている暇はないのだが——ほかでもない自分自身が特権階級、既得権益者であることの疚《やま》しさからである。この人は損を被っているではないか。ならば、わたしだけが得をすることは赦されない。社会は誤魔化せても、神はそれを見逃さない。わたしはいわば焦燥感に駆られて、目の前の人と向きあっているのだ。

おわりに

ここまで読んできたあなたは、自分のはく弱音への手がかりを見つけることができただろうか。それとも、「じつはあの人、このことで悩んでいるかもしれない」と、思い当たるものを読み取っただろうか。前者なら、どこかでそれを言葉にしてほしい。後者なら、その人にぜひ声をかけてみてほしい。

とはいえ、すでに親しくなって久しい人に今さら弱音をはく、すなわち「つらい」と吐露したり、ましてや「死にたい」と打ち明けたりすることは、とても難しい。善意のつもりで励まされたり、「死にたいなんて言わないで。一緒に頑張ろ？」と説得されたりしてしまうから。弱っている人に声をかけるほうも、いったいどんな言葉をかけたらいいのか、それとも、そっとしておくべきなのか、悩むことだろう。

昔の人はそんなとき、神仏に祈ったのだろう。その際、そこにいる牧師や神父、僧侶や神主などの聖職者に、誰にも言えない想いを打ち明けたのかもしれない。彼ら聖職者たちはこの世で暮らしながら、この世ならざる世界で人々の苦悩に耳を傾けた。そこでは親しい人々との関係も、いったん保留できたのだ。

けれどもカルトの問題で世間が喧しくなり、宗教の透明性がしばしば議論されるようになった。第三者機関による監査の必要性を語る人。宗教法人も納税すべきと主張する人。宗教が外から見てどのように映っているのか、つねに気にしなければならない時代。

わたしが働く教会では、というより、教会が所属する日本基督教団のルールによれば、教会はメンバーシップ制である。すなわち、洗礼を受けて現住陪餐会員と呼ばれる会員になり、毎回の礼拝献金以外に月定献金という月極めの献金をささげる。固定メンバーがある程度存在することによって、教会は一定の収入を見込めることとなり、そこに在り続けることができる。

当然のことだが洗礼を受けていない人も教会に来るし、なかには会員以上に尽くしてくれる人さえいたりするが、あくまでルールだけをとっていうならば、そのような人は「メンバーではない」ことになる。これを極めて排他的であると批判する人もいる。

　儀式を経た者だけがメンバーとなる。教会と無関係の人がこのような話を聞けば、フリーメイソンかショッカーか、まるで秘密結社のような印象を抱くかもしれない。じっさい、教会と密室性とは分けて語れないところもある。

　そもそも礼拝堂という建物からして、初めての人が入っていくにはかなりの勇気がいるだろう。牧師になってからだいぶ経った時期のわたしでさえ、無職の折、見知らぬ教会で礼拝しようと思ってはみたものの、その礼拝堂の周りを何周も回ったあげく、けっきょく家に引き返したものであった。

　礼拝堂のなかにはどんな人がおり、どんな礼拝が行われているのか。それを確かめるため入ってみるには、わたしのような信仰者でさえ勇気が要る。まして、キリスト教に触れたことのない人が礼拝に行きたくなったとき、礼拝堂の暗い入り口をくぐるには一大決心が必要かもしれない。

　そういうことだから教会に人が来ないのだ。教会は閉鎖的すぎる。誰でもいつでも出入りできるようにすべきだ。制度的にも、洗礼を受けていようがいまいが聖餐式に参与できるべきだ――それも一理ある。

　ただ、教会のこの特別な感じ、そう、秘密結社であることに魅力を感じる人もいる。世間から閉ざされた別世界。秘密基地のような密室性。仮想的な治外法権へのいざない。一歩間違えば容易にカルト化する。だが、カルト化する危険のまったくない、外部との差異がいっさい存在しない場所は、そもそも安心の共同体たりえるだろうか。

親密圏という言葉があることを知った。親密な人々の圏内。家族、恋人、学校の仲間、会社の同僚等々。そういう、程度の差はあれ、互いが関心を持ちあい、助けあい、ケアしあうような関係性の圏内を指すらしい。でも、相手が自分のことを大切に思っているからこそ、言えないことがある。言ったら心配される。説得される。大騒ぎになってしまう……。親密圏で今さら弱音をはくことは、意外に難しいのだ。

そういうときに、人は親密圏から失踪しなければならないのかもしれない。とはいえ、ほんとうに行方不明になったら大騒ぎである。だから仮想的な治外法権の密室へ、想像のうえで亡命する。物理的には失踪することなく、思想信条において失踪する。そのためには囲いで閉ざされた密室、外部からは見えない、そこに入れば安心の、秘密結社が必要なのだ。

秘密結社の閉鎖性。この密室内で人間どうしの争いが起こったら、手がつけられなくなるであろう顔と顔との近さ。うんざりして出ていく者もいるだろう。衝突が内紛に至り、密室が空中分解することもあろう。

だが、それでも人は密室を求める。おのれが仮想的に失踪し、亡命できる、治外法権の幻影が必要なのである。人はそこでこそ安心し、腹の底から弱音をはけるのかもしれない。(親密圏の息苦しさおよび概念としての失踪の可能性については、中森弘樹『失踪の社会学　親密性と責任をめぐる試論』および『「死にたい」とつぶやく 座間9人殺害事件と親密圏の社会学』を参照のこと)

教会は問題だらけの空間である。牧師のセクシュアルあるいはパワーハラスメント。信徒の対立。信徒ではない来会者との分け隔て。そういったことがいつでも起こりうる。

牧師がカリスマ化し、信徒が自発的に高額の献金をし始めるとき、教会はカルトへと加速するかもしれない。

そんな教会など要らぬ。組織は健全なる透明性を保たねばならぬ。外部の人々の意見をこそ聞き、内部の人間の意識を変えねばならぬ。否、外部も内部もない。そういう区別自体が幻想にすぎぬ……それらの「正論」によって、安心して弱音をはける空間への道は閉ざされる。

危険のない密室はない。だが、逃げ込める密室のどこにもない社会も、また苦しい。

あえて親しい人々から離れたい。知っている人がいないところで弱音をはきたい。仮想体験にすぎないとしても、毎週「失踪」できるなら願ったり叶ったり。失踪は仮想でも、そのすべてが夢まぼろしなのではない。閉ざされた密室それ自体は、礼拝堂として地上に実在するのだ。

危険と紙一重の密室へ、ようこそ。

装丁
鈴木千佳子

校正
東京出版サービスセンター

著者略歴

沼田和也

ぬまた・かずや

日本基督教団 王子北教会牧師。1972年、兵庫県神戸市生まれ。高校を中退、引きこもる。その後、大検を経て受験浪人中、1995年、灘区にて阪神淡路大震災に遭遇。かろうじて入った大学も中退、再び引きこもるなどの紆余曲折を経た1998年、関西学院大学神学部に入学。2004年、同大学院神学研究科博士課程前期課程修了。そして伝道者の道へ。しかし2015年の初夏、職場でトラブルを起こし、精神科病院の閉鎖病棟に入院する。現在は東京都の小さな教会（日本基督教団王子北教会）で再び牧師をしている。著書に『牧師、閉鎖病棟に入る。』（実業之日本社）、『街の牧師 祈りといのち』（晶文社）がある。
ツイッターは@numatakazuya

弱《よわ》音《ね》をはく練習《れんしゅう》

悩《なや》みをため込《こ》まない生《い》き方《かた》のすすめ

2023年6月15日　初版第1刷発行

著　者　沼田和也《ぬまたかずや》

発行者　小川真輔

編集者　鈴木康成

発行所　KKベストセラーズ

〒112-0013 東京都文京区音羽1-15-15 シティ音羽2階

電話　03-6364-1832（編集）

03-6364-1603（営業）

https://www.bestsellers.co.jp

印刷製本　錦明印刷

D T P　三協美術

 ISBN978-4-584-13990-5 C0095